当代大学生思想政治教育创新研究

金永宪　著

延边大学出版社

图书在版编目（CIP）数据

当代大学生思想政治教育创新研究 ／ 金永宪著． --
延吉 ： 延边大学出版社，2022.7
ISBN 978-7-230-03505-7

Ⅰ．①当… Ⅱ．①金… Ⅲ．①大学生－思想政治教育
－研究－中国 Ⅳ．①G641

中国版本图书馆CIP数据核字(2022)第128512号

当代大学生思想政治教育创新研究

著　　者：金永宪
责任编辑：孟凡现
封面设计：正合文化
出版发行：延边大学出版社
社　　址：吉林省延吉市公园路977号　　　　邮　　编：133002
网　　址：http://www.ydcbs.com　　　　E-mail：ydcbs@ydcbs.com
电　　话：0433-2732435　　　　传　　真：0433-2732434
印　　刷：英格拉姆印刷（固安）有限公司
开　　本：710×1000　1/16
印　　张：14
字　　数：200 千字
版　　次：2022 年 7 月 第 1 版
印　　次：2022 年 9 月 第 1 次印刷
书　　号：ISBN 978-7-230-03505-7

定价：68.00元

前　　言

　　大学生是祖国的未来，民族的希望。大学时期是大学生世界观、人生观、价值观形成和发展的重要时期。为深入贯彻中共中央办公厅、国务院办公厅《关于深化新时代学校思想政治理论课改革创新的若干意见》，中共中央宣传部、教育部《新时代学校思想政治理论课改革创新实施方案》的精神，笔者结合目前该领域的研究现状，特作此书，以期增强高校思想政治教育的针对性、有效性、说服力和感染力，努力开创我国高等院校思想政治教育工作的新局面。

　　本书的内容分为以下几个部分：第一章为绪论，介绍了大学生思想政治教育创新的研究背景、意义、方法、思路。第二章为概述，介绍了大学生思想政治教育的内涵与特征、地位与功能、目标与原则，以及机遇与挑战。第三章从理念、内容、机制、方法、载体五个方面，对大学生思想政治教育工作创新进行了阐释。第四章详细介绍了大学生思想政治教育的理念创新，包括以学生为本的理念、全面发展的理念以及和谐发展的理念。第五章详细介绍了大学生思想政治教育的内容创新，包括理想与信念教育、心理健康教育、就业指导教育。第六章详细介绍了大学生思想政治教育的机制创新，包括管理机制创新、保障机制创新、评估机制创新。第七章详细介绍了大学生思想政治教育的方法创新，包括构建"课程思政"协同教育体系、开展多样化的社会实践活动、发挥学生组织的力量与作用。第八章详细介绍了大学生思想政治教育的载体创新，包括文化载体创新、活动载体创新、管理载体创新。

　　一个合格的人才不仅要有丰富的专业知识和技能，还要有高尚的思想政治道德和理想。因此，在人才培养过程中，除专业知识教育外，高校还应确立思想政治教育的主体地位，加强思想政治教育的实践与创新。

金永宪

2022年5月

目 录

第一章　绪论

党的十八大以来，以习近平同志为核心的党中央把高校大学生思想政治工作摆在突出位置，发表了许多重要论述，作出了一系列重大决策和部署。党的十九大的胜利召开，标志着中国特色社会主义进入了新时代。在新时代，高校必须完成习近平新时代中国特色社会主义思想在广大学生中落地生根的重任。这对高校的思想政治工作提出了更高标准，要求必须在高校继续深入开展思想政治教育，把高校的思想政治工作放在更加突出的位置。

一、研究背景

在高校中要使思想政治工作大有作为，就必须对思想政治工作在高校中的地位和作用有一个全面、正确的认识。目前，我国在校大学生有几千万人，这些大学生的思想道德素质、科学文化素质、专业知识素质和身体健康素质直接关系到中国共产党和中华人民共和国的前途和命运，关系到中国特色社会主义事业的兴衰成败，关系到中华民族伟大复兴的中国梦的实现。因此，对当代大学生思想政治教育的创新进行研究很有必要。

（一）以人民为中心的教育理念

在党的十八大上选举出了以习近平同志为核心的新一届中央领导集体，习近平总书记上任伊始，就代表党中央新一届领导集体向全国人民庄严承诺：人民对美好生活的向往，就是我们的奋斗目标，我们要办人民满意的教育。党的十八大以来，以习近平同志为核心的党中央高度重视教育事业，着眼于社会主义教育的本质要求，明确以人民为中心的发展思想。坚定实施科教兴国战略，始终把教育摆在优先发展的战略位置，不断扩大投入，努力发展全民教育、终身教育，建设学习型社会，努力让每个孩子享有受教育的机会，努力让人民享有更好更公平的教育，获得发展自身、奉献社会、造福人民的能力。①

（二）青年要自觉践行社会主义核心价值观

2014年5月4日，习近平总书记在北京大学师生座谈会上，提出了广大青年树立和培育社会主义核心价值观应努力的方向，主要应从以下四个方面下功夫：一是要勤学，下得苦功夫，求得真学问。要勤于学习、敏于求知，注重把所学知识内化于心，形成自己的见解，既要专攻博览，又要关心国家、关心人民、关心世界，学会担当社会责任。二是要修德，加强道德修养，注重道德实践。做人做事第一位的是崇德修身，因为德是首要、是方向，一个人只有明大德、守公德、严私德，其才方能用得其所。三是要明辨，善于明辨是非，善于决断选择。是非明，方向清，路子正，人们付出的辛劳才能结出果实。面对世界的深刻复杂变化，面对信息时代各种思潮的相互激荡，面对纷繁多变、鱼龙混杂、泥沙俱下的社会现象，面对学业、情感、职业选择等多方面的考量，要树立正确的世界观、人生观、价值观。四是要笃实，扎扎实实干事，踏踏实实做人。道不可坐论，德不能空谈，于实处用力，从知行合一上下功夫，核心价

---

① 《习近平主席在联合国"教育第一"全球倡议行动一周年纪念活动上发表视频贺词》，载于《人民日报》2013年9月27日第3版。

值观才能内化为人们的精神追求，外化为人们的自觉行动。①

（三）加强高校意识形态领域建设

意识形态领域的工作是党和国家一项极端重要的工作，高校作为意识形态工作的前沿阵地，肩负着学习研究宣传马克思主义，培育和弘扬社会主义核心价值观，为实现中华民族伟大复兴的中国梦提供人才保障和智力支持的重要任务，做好高校宣传思想工作，加强高校意识形态阵地建设，是一项战略工程、固本工程、铸魂工程，事关党对高校的领导，事关全面贯彻党的教育方针，事关中国特色社会主义事业后继有人。为了加强高校意识形态领域的工作，使高校的广大师生坚定理想信念，中共中央办公厅、国务院办公厅专门印发了《关于进一步加强和改进新形势下高校宣传思想工作的意见》。意见分七个部分：一是加强和改进高校宣传思想工作是一项重大而紧迫的战略任务；二是指导思想、基本原则和主要任务；三是切实推动中国特色社会主义理论体系进教材进课堂进头脑；四是大力提高高校教师队伍思想政治素质；五是不断壮大高校主流思想舆论；六是着力加强高校宣传思想阵地管理；七是切实加强党对高校宣传思想工作的领导。②

（四）推进思政课创新

高校肩负着学习宣传马克思主义，培养中国特色社会主义事业建设者和接

---

① 《青年要自觉践行社会主义核心价值观——在北京大学师生座谈会上的讲话》，载于《光明日报》2015年5月5日第2版。

② 中共中央文献研究室：《习近平关于社会主义政治建设论述摘编》，中央文献出版社，2017。

班人的重大任务。思想政治理论课是巩固马克思主义在高校意识形态领域指导地位、坚持社会主义办学方向的重要阵地，是全面贯彻落实党的教育方针、培养中国特色社会主义事业合格建设者和可靠接班人、落实立德树人根本任务的主干渠道，是进行社会主义核心价值观教育、帮助大学生树立正确世界观人生观价值观的核心课程。办好思想政治理论课，事关意识形态工作大局，事关中国特色社会主义事业后继有人，事关实现中华民族伟大复兴的中国梦，必须始终摆在突出位置，持之以恒，常抓不懈。中共中央宣传部、教育部为了贯彻落实习近平总书记系列讲话精神，以〔2015〕2号文件的形式印发了《普通高校思想政治理论课建设体系创新计划》。该计划为高校思想政治理论课建设体系创新制定了实施目标，具体为整体推进教材、教师、教学等方面综合改革创新，编写充分反映马克思主义中国化最新成果、教师好用学生爱读的系列教材，建设一支对马克思主义理论真学、真懂、真信、真用的教师队伍，培育推广理论联系实际、富有吸引力感染力的多种教学方法，重点建设一批教学科研皆强的马克思主义学院，逐步构建重点突出、载体丰富、协同创新的思想政治理论课建设体系，不断深化中国特色社会主义和中国梦教育，深入开展社会主义核心价值观教育，加强法治教育，坚持不懈地推动中国特色社会主义理论体系进教材、进课堂、进头脑，不断改善思想政治理论课教学状况，努力把思想政治理论课建设成为学生真心真爱、终身受益、毕生难忘的优秀课程。

二、研究现状

（一）国外研究现状

思想政治工作是伴随着人类阶级社会的产生而出现的社会实践活动，国外往往以道德教育来代替思想政治工作这一概念。国外在道德教育上的丰富经验值得我国当前的大学生思想政治工作去借鉴，尤其是历史上处于工业化进程中的西方社会与当前转型中的中国社会在大学生的教育工作上面临诸多相似问题。

西方社会典型的道德教育理论包括实用主义教育理论、道德认知发展理论和价值澄清理论等。其中，实用主义教育理论的代表人物是美国教育学家约翰·杜威（John Dewey）。杜威在其代表作《民主主义与教育》一书中强调，教育的本质是对生活、生长和经验的改造，对学生的培育要注重民主主义和实用主义。一方面，教育要注重学生的兴趣和能力；另一方面，教育要满足社会的需要，要在与生活实际相结合的基础上让学生学到实用的知识。道德认知发展理论的代表人物是劳伦斯·科尔伯格（Lawrence Kohlberg），其代表作有《道德发展的哲学》等。道德认知发展理论强调，受教育者居于主体地位，应以道德讨论的形式来培养和锻炼受教育者的道德判断能力和道德推理能力，促进受教育者的道德发展。价值澄清理论的代表人物有路易斯·拉思斯（Louis Raths）、里尔·哈明（Merrill Harmin）和悉米·西蒙（Sidmey Simon）等，这一理论的代表作有《价值与教学》《通过主题明确价值》等，该理论主张使受教育者通过价值评价和有选择的学习，获得最适合的个人价值观。

（二）国内研究现状

国内关于大学生思想政治工作方面的研究较为丰富。党的十八大以来，学术界对大学生思想政治工作的创新研究愈加深入。其中既有对新时代大学生思想政治工作整体路径的创新研究，也有对其中的一方面，如渠道、内容等方面的研究。

1.关于新时代大学生思想政治工作整体路径的创新研究

叶燊在其主编的《立德树人：大学生思想政治工作创新纪实》一书中，秉承立德树人的核心教育理念，紧抓大学生思想政治工作的理论创新与实践创新，为新时代我国大学生思想政治教育提供了思路。刘华才等人在《新形势下大学生思想政治工作协同创新研究》一文中强调，要在理念、内涵、管理、载体等方面进行全方位、全要素、全过程的协同创新，开创大学生思想政治工作的新局面。

2.关于大学生思想政治工作创新的某一个方面的研究

邢云文、张瑾怡等人建议从大学生的日常生活入手，遵循思想政治教育规律，把教育的生活和生活的教育统一起来，在学生日常生活实践中将思想政治工作落细、落小、落实，这是从渠道上进行创新。朱志坚指出，要发挥文化素质教育在大学生思想政治教育中的重要作用，从而不断增强大学生思想政治教育的实效性。这是在强调文化素质教育在大学生思想政治工作中的重要性。洪涛指出，思想政治教育要做到"变"和"不变"的结合。一方面，针对新时代的教育媒体、教育生态、教育供给上的诸多变化，思想政治教育工作要采取有效应对，做到"变"；另一方面，大学生思想政治教育的目标、初心、精神要保持不变。这是从内容上对思想政治工作进行的说明。张维维等人指出，新时代思想政治工作必须坚持主导性和主体性相统一，因材施教引领价值观；坚持权威性与通俗性相协调,提升马克思主义的理论素养;坚持理论性与现实性相结合,促进政治意识转化为政治能力。这是从大学生的思想政治理论素养层面进行的大学生思想政治工作的创新。

三、研究意义

进入21世纪,面对新的国际、国内环境,大学生思想政治教育必须创新。只有创新才能使大学生思想政治教育紧跟时代步伐,经得起实践的考验,真正收到实效。为了促进大学生思想政治教育创新,保障大学生思想政治教育有效实施,我们需要进一步探索大学生思想政治教育创新的各个要素及其辩证关系。创新大学生思想政治教育对于大学生思想政治工作的有效实施、学生的成长成才具有非常重要的理论意义和现实意义。

(一)创新是大学生思想政治教育发展的源泉和不竭动力

马克思主义认为,创新是事物发展革新的基本要求和关键。只有适应不断变化的新环境,人类的思想才能进步,也只有大胆创新和变革,社会才会有新的发展。大学生思想政治教育要永葆生机就必须创新,这是大学生思想政治教育迎接挑战的迫切要求。面对新情况、新问题,大学生思想政治教育如果一味墨守成规、循规蹈矩,不思创新和变革,就不可能有好的成效。大学生思想政治教育要做好引导服务工作,就必须把握社会发展的方向,不断研究新情况,把握新规律,形成新思想,解决新问题,继而开辟新境界。无论什么时候,大学生思想政治教育都离不开创新,创新是大学生思想政治教育发展的源泉和不竭动力。

（二）创新是大学生思想政治教育适应社会发展的内在要求

加入世界贸易组织后，我国形成了更大范围和更深程度的开放格局，人们的精神世界也随之发生了巨大变化，而大学生所受的影响更为明显。随着改革的不断深化，社会经济成分、就业方式呈现多元化趋势，大学生思想的个性化、独立化、差异化也更为明显。对外开放虽然有助于加强交流、取长补短、增长见识，但同时，西方资本主义的消极思想也乘虚而入，享乐主义、拜金主义和利己主义等思想传播到大学校园，容易诱发大学生产生"信念危机"。大学生思想政治教育面临着全新的环境，社会全方位地整合与结构调整，本质上要求创新大学生思想政治教育。创新大学生思想政治教育是全面贯彻党的教育方针的充分体现，是大学生思想政治教育适应新时期社会发展的内在要求。

（三）创新是增强大学生思想政治教育实效性的必然选择

长期以来，大学生思想政治教育存在许多问题，如工作目标单一、内容陈旧，工作过程忽视了学生的主体地位，工作评价机制有简单化和片面化的倾向等。这些问题的存在让我们进一步认识到大学生思想政治教育创新的重要性、必要性和紧迫性。大学生思想政治教育创新就是解决这些问题，以实现大学生思想政治教育不断超越的过程。

大学生思想政治教育创新要遵循大学生思想政治教育的发展规律，既吸收传统经验，又针对时代的特点、社会的发展、教育环境的现状等实际，对大学生思想政治教育进行改革，从而使大学生思想政治教育得以发展。

四、研究方法

本书以规范分析、结合实证的方法进行研究。主要研究方法有以下五种：

（一）文献分析法

文献分析法是将文献的搜集、归类、分析与提炼贯穿于整个研究过程。通过查阅有关书籍，以及中国知网上相关的硕士论文、博士论文和期刊论文，本书对重要资料作了专项考察和论述，为本研究作了充分的理论准备。

（二）逻辑推理法

本书综合运用归纳、演绎和类比等逻辑推理法进行论证。在逻辑学中，归纳是由一系列有限的特殊事例得出一般结论的推理方法；类比是根据两个不同的对象在某方面的相似之处，推测出这两个对象在其他方面也可能有相似之处的推理方法；演绎是从一般到特殊的推理，是由大前提、小前提推出结论的三段式推理法。这些传统的研究方法为本研究提供了学理依据。

（三）实证分析法

实证分析法的目的在于认识客观事实，向人们提供实在、有用、精确的相关知识。它按照事物的本来面目来描述，意在揭示客观现象的内在构成要素，以及各要素之间的普遍联系，从而归纳、概括出现象的本质及其运行规律。它从某个可以证实的前提出发来分析问题，所得出的结论可以通过经验和事实进行验证。

（四）推断预测法

推断预测法是根据对某些经济现象之间的相似性或相关性的认识，对预测目标的未来发展趋势做出合乎实际和逻辑的推理判断，是以事件的因果关系原理为依据，从已知的相关事件发展趋势来推断预测对象的未来变化趋势。

五、研究思路

本书以国内当代大学生思想政治教育创新研究现状为背景，依托相关数据及信息，针对存在的问题进行深入分析，提出对应的改进思路和具体对策，为当代大学生思想政治教育的创新发展提供新思路。

第二章　大学生思想政治教育概述

　　大学生是国家的未来和希望，加强大学生思想政治教育是新时代中国特色社会主义建设的必然要求。2016年12月，习近平总书记在全国高校思想政治工作会议上强调，"高等教育发展水平是一个国家发展水平和发展潜力的重要标志"。①我们要坚持把立德树人作为中心环节，把思想政治工作贯穿教育教学全过程，实现全程育人、全方位育人，努力开创我国高等教育事业发展新局面。由此可见，思想政治教育对于我国的建设和发展具有重要意义。

一、大学生思想政治教育的内涵与特征

　　大学生思想政治教育是对大学生这一特殊社会群体用一定的思想观念、政治观点、道德规范施加有目的、有计划、有组织的影响，帮助他们建立符合社会所要求的思想政治品德的实践活动。

（一）大学生思想政治教育的内涵

　　在《现代汉语词典》（第7版）中，所谓内涵，逻辑学上指一个概念所反映的事物的本质属性的总和，也就是概念的内容。按照内涵的这一定义，大学生

_____

　　① 《习近平在全国高校思想政治工作会议上强调把思想政治工作贯穿教育教学全过程开创我国高等教育事业发展新局面》，载于《人民日报》2016年12月9日第1版。

思想政治教育的内涵就应当是"大学生思想政治教育"这一概念所反映的事物的本质属性的总和，即"大学生思想政治教育"这一概念的内容。在实践中，大学生思想政治教育主要是高校思想政治工作者利用一定的思想观念、政治观点、道德规范，对大学生施加有目的、有计划、有组织的影响，使大学生形成符合中国特色社会主义所需要的思想品德的教育实践活动。因此，大学生思想政治教育的基本内涵是指最能反映这一教育实践活动本质属性的主要内容。

在哲学中，所谓事物的本质属性，是指事物固有的，决定事物性质、面貌和发展的根本属性。由此出发，大学生思想政治教育的本质属性也应当是大学生思想政治教育固有的，决定其性质、面貌和发展的根本属性。因此，这种本质属性应包括两个方面：第一，本质属性应贯穿大学生思想政治教育活动的始终，是大学生思想政治教育活动中最普遍、最一般的固有属性，而且影响派生属性（非本质属性）；第二，本质属性应该是大学生思想政治教育变化发展的根据。

大学生思想政治教育的本质属性应为政治性与科学性的有机统一。政治性是大学生思想政治教育的重要属性，体现为阶级性、政治动员性、灌输性和社会控制性。所谓阶级性，是指思想政治教育要明确地体现并指示着人和社会发展的方向及价值取向，它决定了大学生思想政治教育必须坚持以马克思列宁主义、毛泽东思想、邓小平理论、"三个代表"重要思想、科学发展观和习近平新时代中国特色社会主义思想为指导，必须坚持社会主义方向，培养反映时代特征、符合我国社会发展方向的合格建设者和接班人。所谓政治动员性，是指通过强有力的思想政治教育，向人民群众宣传党的政治主张和奋斗目标，团结一切可以团结的力量参与到党的事业中来。关于灌输性，是指运用马克思主义的立场、观点和方法，对人们进行政治理论等意识形态的宣传教育，使之内化为人们的政治素养和道德品质。所谓社会控制性，是指作为上层建筑的重要组成部分、作为意识形态教育的大学生思想政治教育，必须在社会主义的前提下、在党和国家教育方针的框架内运行。

因此，政治性是贯穿大学生思想政治教育始终的一个特有属性。科学性是大学生思想政治教育的客观实践属性。如果不反映客观事物的本质和历史发展的趋势，不能促进社会生产力的发展，不代表广大人民群众的根本利益，大学生思想政治教育就不能得到发展，当然，也不能长久地存在。因此，科学性是大学生思想政治教育本身得以发展的内在规定性。

综上所述，要完整、准确地认识大学生思想政治教育的本质，就必须坚持大学生思想政治教育的政治性与科学性在理论与实践上的有机统一。在这一问题上，目前存在两种不良倾向：一种倾向是强调大学生思想政治教育的政治性，而偏离大学生思想政治教育的科学性，从而使大学生思想政治教育变成空洞说教，表现为泛政治化，缺乏系统的科学理论支撑。另一种倾向是强调大学生思想政治教育的科学性，否定大学生思想政治教育的政治性，从而使大学生思想政治教育变得盲目。大学生思想政治教育丧失政治性，就意味着主动放弃意识形态领域的主导权，后果将不堪设想。因此，深化对大学生思想政治教育本质属性的认识，是提高大学生思想政治教育有效性、加强大学生思想政治教育学科建设的当务之急。

大学生思想政治教育的内涵反映了大学生思想政治教育这一教育实践活动的本质属性。这一本质属性具有相对稳定性，但也随着大学生思想政治教育社会环境、任务、目标的变化而不断发展。前者体现为大学生思想政治教育内涵的继承性，后者体现为大学生思想政治教育内涵的创新性。

当代社会和过去有很大不同，现在绝不是过去的再现，未来更不是现在和过去的翻版，教育的重任是要为一个未知的世界培养人。因此，在现代社会，大学生思想政治教育的生命线作用、先导性作用应当合理地被理解和作为创新功能进行发展和发挥。这种发展和发挥的基础就是思想政治教育向更新领域的发展。大学生思想政治教育只有发展创新功能，即面向未来不断实现对自身的超越，并不断促进人们实现超越，才能真正把握未来、拥有未来，并形成未来社会的一个主要因素，否则，面向未来就是一句空话。

1.大学生思想政治教育的社会内涵

社会内涵是大学生思想政治教育的基本内涵。在党的历史上，为社会现实服务，依据社会发展的需要确定教育内容，是大学生思想政治教育的光荣传统。中华人民共和国成立前，大学生思想政治教育为新民主主义革命服务；中华人民共和国成立后，大学生思想政治教育为社会主义革命和建设服务，形成了大学生思想政治教育在不同历史时期的特定社会内涵。在新的历史时期，大学生思想政治教育的社会内涵主要体现在普及马克思主义中国化理论、树立中国特色社会主义共同理想、弘扬民族精神与时代精神、树立社会主义核心价值观等方面。

（1）普及马克思主义中国化理论

马克思主义自19世纪末传入中国便根植于中国社会，并与中国社会的具体实际结合起来，形成了中国化的马克思主义。在这一历史过程中，中国共产党把马克思主义与中国国情相结合，先后产生了"五大理论成果"——毛泽东思想、邓小平理论、"三个代表"重要思想、科学发展观和习近平新时代中国特色社会主义思想。

习近平新时代中国特色社会主义思想的核心要义，就是坚持和发展中国特色社会主义，具体体现在它从理论和实践的结合上系统回答了新时代坚持和发展什么样的中国特色社会主义、怎样坚持和发展中国特色社会主义这个重大时代课题，回答了新时代坚持和发展中国特色社会主义的总目标、总任务、总体布局、战略布局和发展方向、发展方式、发展动力、战略步骤、外部条件、政治保证等基本问题，并且根据新的实践对经济、政治、法治、科技、文化、教育、民生、民族、宗教、社会、生态文明、国家安全、国防和军队、"一国两制"和祖国统一、统一战线、外交、党的建设等方面作出了理论分析和政策指导，为更好地坚持和发展中国特色社会主义提供了思想武器和行动指南。把握住了这个核心要义，就把握住了最本质的东西，就把握住了改革开放以来党的理论创新成果的历史逻辑和内在联系。①

马克思主义中国化的"五大理论成果"是一脉相承的思想理论体系。毛泽东思想、邓小平理论、"三个代表"重要思想、科学发展观和习近平新时代中国特色社会主义思想具有本质上的一致性，它们都把辩证唯物主义和历史唯物主义作为世界观和方法论，把解放和发展生产力作为历史进步的着眼点，把实现共产主义、解放全人类作为根本目标。同时，它们又都是开放的理论体系，坚持解放思想、实事求是，不断汲取时代精神的精华而丰富和发展自己，都具有与时俱进的特性。马克思列宁主义、毛泽东思想、邓小平理论、"三个代表"重要思想、科学发展观和习近平新时代中国特色社会主义思想是被实践证明了的科学理论，是我们立党、立国之本。

在新的历史时期，大学生思想政治教育必须加强马克思列宁主义、毛泽东思想、邓小平理论、"三个代表"重要思想、科学发展观和习近平新时代中国特色社会主义思想教育，必须同各种反马克思主义的思潮作坚决的斗争，坚持

---

① 中共中央文献研究室：《习近平关于社会主义政治建设论述摘编》，中央文献出版社，2017。

用马克思主义占领高校的思想阵地，防止和反对指导思想多元化，增强大学生识别和抵御各种错误思潮的能力；必须大力弘扬理论联系实际的学风，坚持马克思主义的科学精神和基本理论，坚持解放思想、实事求是，努力对当前急需进行理论引导或说明的突出问题作出科学的、有说服力的、符合实际的解释和说明，并在实践中不断丰富和发展马克思主义。

（2）树立社会主义共同理想

一个国家的可持续发展，一个国家的内部和谐，与该国现实的政治经济状况密切相关，也与该国国民的共同理想密切相关，这两种相关是同等重要的。强大而明确的共同理想能在很长的时期内克服政治经济结构的现实裂痕，这在历史上不乏其例。中国经过近现代的曲折徘徊与浴血奋战，经过近年来的探索发展，已经走出一条适合自身国情、能有效发挥本国优势且取得了辉煌成就的道路，这就是中国特色社会主义道路。

已经积累的辉煌的历史成就使新的一代人更容易形成更坚定的中国特色社会主义共同理想。但新的一代人是没有苦难记忆的一代人，他们生活在一个思想多元化的开放社会，所以弘扬主旋律显得十分必要。目前，中国社会已经进入转型期，中国特色社会主义共同理想教育有助于促使包括大学生在内的社会成员正确认识改革开放过程中出现的矛盾，帮助人们树立解决矛盾的信心，构建社会主义和谐社会。中国特色社会主义共同理想教育是当代大学生思想政治教育的灵魂和基础。可见，中国特色社会主义共同理想教育是当前大学生思想政治教育的关键和核心，其功能和作用主要体现在以下几个方面：

第一，中国特色社会主义共同理想教育决定着大学生思想政治教育的基本性质。大学阶段是大学生确立自我、实现人生目标的关键时期，引导大学生树立高远的志向是大学生思想政治教育的核心内容。共同的理想信念是一定社会主体共同价值目标的集中体现。当代大学生思想政治教育的实质就在于从思想政治理论的高度使大学生充分认识到中国特色社会主义共同理想的科学性，使大学生不仅在情感上，而且从世界观的高度理性地接受和认同中国特色社会主义的价值目标。只有牢固树立中国特色社会主义共同理想，以社会主义核心价值体系凝聚广大青年学生，才能产生经久不衰的动力，使他们既看到中国特色社会主义事业面临的挑战和困难，又看到中国特色社会主义事业所具有的旺盛生命力，在构建社会主义和谐社会、加快社会主义现代化建设的历史进程中奋发有为、建功立业。

第二，中国特色社会主义共同理想教育是振奋大学生精神、鼓舞大学生进取的有效途径。中国特色社会主义共同理想充分反映了我国广大人民群众的共同愿望、利益和要求，有利于调动全体人民共同为之奋斗，能够最大限度地统一社会意志、集中社会智慧、激发社会活力，为构建社会主义和谐社会提供有力的精神保证。大学生是十分宝贵的人才资源，是民族的希望，是祖国的未来，加强和改进大学生思想政治教育，提高他们的思想政治素质，对于确保中国特色社会主义事业兴旺发达、后继有人，具有重大而深远的战略意义。通过中国特色社会主义共同理想教育，大学生应懂得：要实现个人理想，就必须从现实出发，从自己做起，从身边的小事做起，脚踏实地，百折不挠；要实现中国特色社会主义共同理想和中华民族的伟大复兴，就必须多读书、读好书，努力学习科学文化知识，提高科学文化素质，掌握科学知识、科学方法和科学思想，提高辨别是非的能力。

第三，中国特色社会主义共同理想教育是衡量大学生思想政治教育效果的重要标准。大学生思想政治教育的目的是使大学生认同和接受社会主义的基本思想和价值目标。在我国现阶段，就是要使大学生接受我们党的政治主张和政治信仰，并且充分看到广大人民群众的利益与自身利益的一致性，使建设中国特色社会主义的理想成为他们的共同理想。所以，评价大学生思想政治教育效果的一个重要标准，就是要看党的政治主张、政治信仰和现阶段我国各族人民的共同理想是否为广大青年学生所认同。能否培养出一代又一代有觉悟的社会主义新人，既是衡量大学生思想政治教育效果好坏的重要标准，更是社会主义共同理想和共产主义远大理想能否实现的关键。在大学生教育的目标体系中，中国特色社会主义共同理想教育始终处于第一位。只有树立中国特色社会主义共同理想，学生才能自觉运用社会主义的道德和纪律来约束自己，才能产生努力学习科学文化知识的强大内在动力。

（3）弘扬民族精神和时代精神

民族精神是一个民族在长期的历史发展过程中逐步形成和培育起来的一种独具民族特色的、自觉的群体意识，是民族文化、民族智慧、民族情感、民族心理、民族共同理想、民族共同价值取向和民族行为规范等民族个性的综合体现。自古以来，我国就是一个多民族共存、共同发展的国家，各民族交往交流交融，相互影响，形成了中华民族多元一体的格局，共同推进着统一的多民族国家的发展。

加强中华民族优秀传统和艰苦奋斗教育是新时期大学生思想政治教育的重要内容。中华民族在五千多年的文明发展史中，为我们留下了丰富的文化遗产，蕴含在其中的伟大的民族精神，是中华优秀传统文化的积淀和升华。如何在更加开放的环境下不断发展壮大中华优秀传统文化，增强广大群众特别是青少年对民族文化的认同和自信；如何在激烈的国际竞争中发挥我们的民族文化优势，增强民族文化竞争力，维护国家文化安全等，成为大学生思想政治教育面临的重大课题。大学生思想政治教育必须坚持以人为本，挖掘中华民族的文化资源，把民族精神教育作为重中之重，实现古今文明的优势互补。

时代精神是时代思想的结晶，是科学认识发展的成果，是对时代问题的能动反映和应答，是一个时代、一个民族大多数人所希望、向往、信奉、为之激动不已、追求不止的观念和精神，具体体现在这个时代大多数人的精神风貌、民族特质、理想信念、生活态度、价值取向、人生追求、风俗习惯、行为规范及所有活动之中，是贯穿于其中的原则、灵魂。

时代精神产生于时代之中并表现时代，与时代发展一样具有一致性和同步性。时代精神反映了时代的特点、内容，并适应了时代的要求，它为特定时代提供精神支柱、动力和文化条件。当今时代精神主要体现在科学精神、人文精神、民主精神、开放精神和创新精神上，体现在解放思想、实事求是，与时俱进、勇于创新，知难而进、一往无前，艰苦奋斗、务求实效，淡泊名利、无私奉献上，其本质和灵魂在于创新。

大学生思想政治教育要善于从时代精神中汲取营养，在时代发展和社会进步中掘取资源，把时代精神作为塑造一代新人的核心内容，贯穿教育全过程，渗透到教育的方方面面。若无视时代的进步、社会的发展，与时代精神和时代发展相左，大学生思想政治教育就很难被人们接受，很难体现时代感，很难取得实效。

（4）树立社会主义核心价值观

中国共产党在领导中国革命、建设和改革的过程中，对大学生思想政治教育极其重视，并在实践中积极探索大学生思想政治教育的基本规律。总结这些规律，其中的一条重要经验就是，要高度重视大学生思想政治教育的育人功能，强调道德养成对人才培育的重要意义。当代大学生理应是思想道德素质和科学文化素质协调发展的一代。高校不但要注重大学生的文化素质教育，更要注重大学生的思想道德教育。正如爱因斯坦所说："用专业知识教育人是不够的，通过专业教育，学生可以成为一种有用的机器，但是不能成为一个和谐发展的人。要使学生对价值（社会伦理准则）有所理解并产生热烈的感情，那是最基本的。"

大学生肩负着实现中华民族伟大复兴的历史使命，对大学生加强社会主义核心价值观教育十分必要和迫切。其作用如下：有助于丰富大学生爱国主义的思想情感体验，增强大学生的民族精神；有助于提高大学生的职业道德素养，培养大学生为人民服务的情感；有助于培养大学生的协作精神和团队意识，形成团结和谐的人际关系；有助于大学生正确处理利益关系，形成良好的道德风尚；有助于大学生树立法治观念，形成良好的公共秩序；等等。

社会主义核心价值观是社会主义核心价值体系的重要体现，是社会主义核心价值体系的高度凝练和集中表达，体现社会主义核心价值体系的根本性质和基本特征，反映社会主义核心价值体系的丰富内涵和实践要求。社会主义核心价值观体现了中华民族的传统美德和时代要求，明确了当代中国最基本的价值取向和行为准则，也是当前大学生思想政治教育的一项崭新内容，在本质上与大学生思想政治教育的目标、指导思想、内容相一致。所以，要加强大学生思想政治教育，就要在大学生中牢固树立社会主义核心价值观。

2.大学生思想政治教育的个体发展内涵

大学生思想政治教育除了具有社会内涵，还具有个体发展内涵。由于特定的历史原因，长期以来，在大学生思想政治教育中，其社会内涵居于主导地位，其个体发展内涵一度被忽视。中华人民共和国成立后，大学生思想政治教育的个体发展内涵逐渐进入人们的视野。改革开放以来，随着人们对大学生主体地位的重视，大学生思想政治教育的个体发展内涵日益显现出来。当前，大学生思想政治教育的个体发展内涵主要体现在培养大学生的竞争意识与合作精神、培育大学生的科学精神与人文精神、促进大学生的全面协调发展、培养大学生健康的个性等方面。

（1）培养大学生的竞争意识与合作精神

社会主义市场经济体制的发展与完善，已经成为推动中国社会发展的重要方式，并且不容置疑地成为现代中国人生存与发展的重要环境条件。创设和优化竞争环境是现代大学生思想政治教育的重要功能之一，是大学生思想政治教育的时代性、针对性、实效性和价值性的体现。加强大学生思想政治教育，可以为大学生创设竞争环境提供思想基础、社会心理基础以及方向保证。大学生思想政治教育需要在承认环境决定人的发展、决定人的思想道德面貌的同时，坚持人在环境面前具有主观能动性、人可以改变环境的基本观点，充分发挥意识的积极能动作用，通过不断提高人们的思想道德意识，积极创设和优化现代竞争环境。

首先，高校要帮助大学生增强竞争意识，调整不正常的竞争心态。竞争的目的是破除平均主义的观念，以各种利益的差异形成积极进取的动力，使个体、集体、国家的利益得到最大程度的满足，从而推动个人、社会的快速进步与发展。因此，竞争结果的差异是不可避免的。竞争的特质既然是机遇与风险并存，那么目标与结果不相吻合、竞争失败也是不可避免的。如果对竞争的后果不具有心理平衡与协调的意识与能力，就容易产生消极的影响，表现在对竞争目标、期望定位及其实现过程产生不切实际的想法。由目标和期望实现受阻或难以实现而产生的挫折感、悲观感和自暴自弃感，对竞争结果的差异性不能正确对待而产生的心理失衡感、对竞争的恐惧感，以及嫉妒心理、攀比心理和报复心理等，会导致大学生产生大量的心理问题。这既容易引发人际关系的紧张与恶化，引发不道德行为和不正当的竞争，也无法形成健康的竞争心理。对此，高校可以通过心理咨询的方式帮助大学生进行心理调适，解决大学生的心理问题，提高大学生的心理素质和心理承受力；通过加强大学生心理平衡与协调意识的培养以及能力的训练，提高他们自我认识、自我学习、自我调节、自我平衡、自我评价的能力，从而为竞争环境的创设和优化提供良好的心理保证。

其次，高校要加强主导性与目的性的引导，为大学生在竞争环境中的发展提供方向保证。目前，意识形态领域的"趋同"论、经济领域的"唯利"论、价值领域的唯"物"论、道德领域的"自私"论、文化领域的"西化"论、信息领域的"虚拟"论等是竞争环境中存在的一些不正确的思潮。既然自主性与主导性是竞争环境健康发展的必要保证，那么在这种多元价值取向和多元文化并存的环境中，大学生思想政治教育必须积极发挥其正确的导向功能。高校必须引导大学生正确认识道德在竞争环境中的价值。世界经济发展的实践表明，良好的道德意识是促进经济增长、增强市场主体的竞争实力和提高经济效益的重要因素，经济领域的竞争，各种利益的协调，除借助行政、法律的手段外，还必须借助道德的力量。只有当人们具有竞争的道德意识，才会真正明确竞争的目的，正确处理竞争中出现的种种问题。此外，高校还要加强公民道德教育，引导大学生守法、守纪、守信、守德，做到公平竞争、以义求利。

最后，高校应采用渗透性、潜在性、强化性和优化性的教育方式，培养大学生的竞争意识与合作精神。所谓渗透性、潜在性，就是把大学生思想政治教育所倡导的社会主义意识形态、正确的价值观和发展观潜移默化地渗透到竞争环境中，由显性教育转为隐性教育，寓教于环境，起到"润物细无声"的作用。所谓强化性，就是在制定竞争原则和竞争规范时，明确公平正义的原则，强调守法、守纪、守信、守德的规范,制定竞争的基本道德要求,从而使大学生思想政治教育在竞争环境中起引领作用。所谓优化性,就是对竞争环境中不健康、不道德的行为和风气加以净化,将优秀的精神文化、良好的道德风尚融入竞争环境,同时,提高大学生的主体性,使之提高对竞争环境的鉴别力、选择力和改造力。只有这样,大学生思想政治教育才能有效地培养大学生的竞争意识与合作精神。

(2)培育大学生的科学精神与人文精神

近代以来的高等教育是以近代科技为核心内容的,其专业教育指向的是自然世界。究其实质而言,近代以来的高等教育是大工业生产和科学技术革命的产物。在高等教育中,新的学科和学习内容被引进,数、理、化、工逐渐占据高校课堂的中心。高校作为大工业生产的劳动力培养基地,作为科学技术研究和开发的信息库和人才库,对近现代社会生产和科学技术的发展起到极大的推动作用。科学教育的重要性越来越引起人们的重视。科学精神作为人类文明的崇高精神,它表达的是一种敢于坚持科学思想的勇气和不断探求真理的意识。科学精神具有丰富的内涵和多方面的特征,具体表现为求实精神、实证精神、探索精神、理性精神、创新精神、怀疑精神、独立精神等。这些精神正是当代大学生个体发展所必需的,因此也是大学生思想政治教育所要倡导和弘扬的。

人文精神是整个人类文化所体现的最根本的精神,是人类文化生活的内在灵魂。它以追求真、善、美等崇高的价值理想为核心,以人的自由和全面发展为终极目的。人文精神教育是现代教育的重要组成部分,是素质教育的根本。高校以培养人才为天职,关心人的解放、人的发展、人的完善是高校存在的意义。高校教育的人文精神是经过长期的历史积淀,在不断地发展演绎过程中形成和发展起来的，有着稳定而丰富的内涵。它既体现了对人的价值和生存意义的关怀，又以价值观念和行为规范的形式约束着大学生的行为，显示着高校不同于其他机构的气质特征。可以说，高校所弘扬的人文精神主要是指在处理人与自身、人与他人、人与社会和人与自然的关系中所持的正确价值观，以及建立在这种价值观基础上的行为规范。这种人文精神教育在大学生的人格塑造、文明行为养成等方面起着重要作用。切实加强人文精神教育是大学生全面发展的需要，是大学生思想政治教育的重要内容。

需要注意的是，在一定意义上，科学精神本身就是大学生思想政治教育所培养的一种人生信仰和理想追求，同时也是人文精神不可分割的重要组成部分。杨叔子院士倡导"绿色教育"。他认为，教育应该充分发挥五百万年进化赋予人类的灵性，培养既有人性又有灵性的学生；育人和种树一样，也应该顺应学生的成长规律，不干扰他们，让他们自由成才。大学生思想政治教育只有把科学精神教育和人文精神教育结合起来，才是绿色教育，才能真正培养出全面发展的人才。思想政治素质是方向，科学精神是生存之基，人文精神是为人之本。因此，高校在弘扬人文精神时，要正确处理人文与科技的关系，使人文与科技成为互补的双翼，要追求人文、科技的和谐发展，追求人文精神与科学精神的统一，让科技发展充满人文关怀。

（3）促进大学生全面协调发展

人的自由而全面发展是马克思和恩格斯追求的理想目标。马克思和恩格斯所说的人的自由而全面发展有两个层面的意义：一是人的自由而全面发展是共产主义的本质特征。早在1848年，马克思和恩格斯在《共产党宣言》中就宣告："代替那存在着阶级和阶级对立的资产阶级旧社会的，将是这样一个联合体，在那里，每个人的自由发展是一切人的自由发展的条件。"之后，他们又多次阐述了这一基本思想，把每个人的自由而全面发展看成比资本主义更高级的社会形式的基本原则。在马克思和恩格斯看来，人的自由而全面发展是与生产力的发展成正比的，每个人的自由而全面发展只有在物质财富极大丰富、人们的精神境界极大提高的共产主义社会才能得到完全实现。这是一个逐步提高、不断发展的过程。因此，在社会发展的每一阶段也都存在着人的发展。这就是人的自由而全面发展的第二层意义：个人的能力和素质的不断提高以及社会关系的不断进步。当前，我国正处于社会主义初级阶段，促进当代大学生全面协调发展，正是大学生思想政治教育个体发展内涵的重要体现。

现阶段，影响和制约大学生自由而全面发展的因素是多方面的，有物质的、技术的因素，也有精神的因素。在生产力和物质文化有了长足发展，高校建设不断完善的情况下，大学生精神方面的制约因素显得越来越突出。归纳起来主要有两种表现：一是对社会发展的认识不足，只讲经济利益，不讲理想、道德；二是社会上存在一些带有迷信、愚昧、颓废、庸俗等色彩的落后文化，甚至还存在一些腐蚀大学生精神世界、危害社会主义事业的腐朽文化。

要抵制这些因素对大学生精神大厦的腐蚀，就必须加强和改进大学生思想政治教育，发挥大学生思想政治教育促进大学生全面协调发展的强大功能。大学生思想政治教育可以为大学生的全面协调发展提供精神支持。思想道德素质的提高是大学生全面协调发展的前提。尽管大学生思想道德素质提高的途径和方法是多种多样的，但大学生思想政治教育的作用是不可替代的。大学生思想政治教育不断解决大学生发展中出现的新问题，也不断促进大学生全面协调发展。没有科学而有效的大学生思想政治教育，就没有大学生的全面协调发展。

（4）培养大学生健康的个性

改革开放以来，大学生思想上的独立性、选择性、多变性与差异性都在增强。面对这些变化，一些高校教育观念滞后，对于大学生思想政治教育，往往只强调灌输和威压，强调整齐划一，把学生放在了对立的位置上。这种居高临下的"教育"易使学生产生逆反心理和对抗情绪，与教育初衷背道而驰。当前，高校应当转变观念，倡导健康的个性教育，把健康的个性教育作为大学生思想政治教育的出发点和落脚点。

教育界普遍认为，个性是在一定的生理与心理素质基础上，在一定的历史条件下，通过教育对象自身的认识与实践，形成和发展起来的个体独特的身心结构及其表现。如果大学生个性系统发展均衡、协调，而且都达到较高的层次水平，知、情、意统一，自我调控能力较强，内心冲突较少，就能够较好地适应社会并表现出良好的创造性。这种个性就是一种健康的个性。大学生思想政治教育应该是一种健康的个性教育，应当着眼于发展大学生的心理品质，帮助大学生形成完整和健全的心理结构，即形成一种健康的个性。

大学生思想政治教育强调主导思想的一元化，注重弘扬社会主义的思想道德和文化。这主要表现在大学生个性核心层次的主导方面，即个性倾向性中的理想信念、世界观、人生观、价值观等方面。与此同时，大学生思想政治教育不应否定人的心理的多样性，而应鼓励大学生形成具有个人特色的能力、性格类型和自我调控方式。由于每个人的生物前提不同，因此形成个性的基础不同；由于家庭环境、所受教育、个人经历不同，因此人的个性会存在多种不同的组合方式，表现出个性的差异性，这些差异性是客观存在的，是任何人为因素都难以抹杀的。大学生思想政治教育的最终目标是实现大学生个性的优化，帮助大学生形成健康的个性。健康的个性存在多种形式，不同类型的个性，通过大学生思想政治教育等手段可以达到结构优化。培养大学生健康的个性成为当代大学生思想政治教育个体发展内涵的一个重要内容。

（二）大学生思想政治教育的特征

1.大学生思想政治教育的环境特征

大学生思想政治教育会受到教育环境、接受客体以及实施主体三方面因素的影响，而且是一个互动的过程。如果教育环境、接受客体以及实施主体三个要素之间互相协作，就有利于开展大学生思想政治教育；反之，则会削弱大学生思想政治教育的效果。

第一，教育环境的多元化特征。教育环境形成了传统文化、现代文化等多种文化并存的多元格局。随着我国对外开放程度的不断加深，政治、经济、文化三方面的相关体制改革不断推进，逐步形成了思想文化多样、阶层利益多元、文化环境复杂的局面。在该局面的影响下，大学生的思想也日益复杂。

第二，教育环境的国际化特征。在国际化的教育大环境下，虽然各国的思想教育内容各不相同，但是其中心都着眼于对本国文化精神方面的认同，以及个人对家庭、社会的责任，从而使得人们的行为举止符合社会基本道德标准，完成从"自然人"到"社会人"的转变。由于社会历史、环境、人文的不同，各国思想政治教育实施的方法也不同，形成了各自鲜明的特色。西方国家重视实践养成教育，主要以学校教育为主，辅以家庭教育、社会教育、企业教育等；而我们国家主要强调内在修养，同时倡导政府主导的道德教育，意在通过兼收并蓄，吸纳优秀的精品文化，并给予传统文化企业大力的支持，来加强大学生思想政治教育，由此便形成了独一无二的文化传统和精神品质。

2.大学生思想政治教育的对象特征

在社会转型和改革开放的时代背景下，由于经济、政治、文化环境的迅速变化和科学技术的迅猛发展，大学生作为思想活跃、易接受新鲜事物、充满生机与活力的群体呈现出了与以往不同的特征。

第一，人格的独立性。存在是哲学的基本范畴，存在方式通俗理解就是生活方式。人的存在方式在经济性质的转变中发生了巨大的变化，对此，马克思的概括是从人对人的依附性的存在转向以物的依赖性为基础的人的独立性的存在。[①]当社会主义市场经济成为主流时，企业和个人不再是以往的人身依附关系，二者互相独立，由此，个体的平等意识得到发展，经济发展中的主体特性日渐突出，而大学生的思想势必会受到这种发展变化的影响。与以前的大学生相比，如今的大学生主体意识、独立意识、法律意识日渐增强，同时，他们突破了自我认识的局限，追求前卫，张扬个性。很多大学生利用课余时间做兼职，经济自主化也日渐凸显。

在市场经济条件下，竞争机制的引入激发了人们生产的动力和活力，促进了生产力的解放，带动了政治、经济、文化的繁荣发展。同时，人们的谋生方式也因就业机制的改变而变得多样，在一定程度上改变了人们对社会和国家的依附关系，增强了民众的自信，提高了民众的自由度，这也从根本上改变了人们的思维方式。

第二，需求的层次性。需求是人内心意识的外化，在不同的社会发展阶段，人的需求层次是不同的。理想是人在需求的基础上想要追求的更高一级的目标，在一定程度上被认为是对现有需求的超越，也可以被认为是更高级的需求。

---

① 郭志栋：《新时代背景下大学生思想政治教育研究》，天津人民出版社，2019。

从需求的分层来看，理想属于自我实现的层次，在一定程度上人的需求决定着理想的高度。从实现人的全面发展这个角度来说，对大学生进行思想政治教育主要是为了提高大学生的理想高度，从而为其理想的实现提供支持。

当代大学生背负着家庭、学校以及社会的期望。学校阶段不仅是学生生理和心理发展的阶段，还是"三观"形成的重要时期。大学生受到家庭背景、学习经历、志向兴趣、人际关系以及生活境遇的影响，以至对国家、社会、学校的感情也会存在差异。正是因为对自身定位的差异，学生会选择不同的方式让自己的需求得到满足，因此便衍生出不同的思想政治教育成果。高校思想政治教育工作者也应该根据大学生的实际情况开展思想政治教育：一方面，允许差异存在，承认差异存在的合理性；另一方面，因材施教，有针对性地开展思想政治教育。

3.大学生思想政治教育的创新特征

大学生思想政治教育要根据社会需要、学校需要以及广大教育者的需要，进行不同程度的创新，从而适应社会的发展。其中，社会需要可以细化为国家发展需要、民族发展需要、群体发展需要、人的全面发展需要等。这些方面存在着一致的部分，也存在着不一致的部分，于是，便引发了一系列的问题。只有解决了这些问题，才能推动思想政治教育的创新和发展。

为了解决思想政治教育无法满足学生需要的问题，我国倡导"以学生为本"的教育原则，从而加快了教育创新。大学生思想政治教育的发展在内容和形式上都有一定的创新，而这种因时而生的应急性的创新，主要以思想政治理论课的建设、有效教育途径的拓展以及党团组织重要作用的发挥为主，从而加大了大学生思想政治教育工作的力度，整顿了工作队伍，取得了一定的成绩。

（1）大学生思想政治教育创新的周期性

创新是能量积蓄到一定程度继而爆发的表现，在这个过程中，能量的积蓄需要一定的条件。同时，个体还存在着创造力衰竭的现象。这一现象在个体身上表现得比较充分，有时也会出现在群体与组织身上。虽然无法将群体创新与个体创新相类比，但是创新的周期性问题不可忽略。从创新的角度来审视改革开放以来我国思想政治教育的发展历程，可以将其分成以下四个阶段：

第一阶段：20 世纪 70 年代末到 20 世纪 80 年代末。这一阶段大概又可分成两个阶段：一是 20 世纪 70 年代末到 20 世纪 80 年代初，这是一个侧重建立新的思想理论基础和活动秩序的阶段；二是 20 世纪 80 年代初到 20 世纪 80 年代末，这是一个富有激情和理论想象力的阶段，在这个阶段，社会在发展方面的指导思想日趋明确，因此产生了一系列重大的改革决定。大学生思想政治教育在这样的大环境下有不少理论内容、传播方式和应用体系等方面的创新，如开设思想品德课，深入进行形势与政策教育，组织学生参加社会实践活动，在部分高校设置思想政治教育专业和开办思想政治教育专业第二学士学位班，加强大学生思想政治工作队伍建设等。

第二阶段：20 世纪 80 年代末到 20 世纪 90 年代初。这一阶段的创新主要表现在应用体系方面，特别是在解析中华优秀传统文化价值、传承中华优秀文化传统方面有不少成果。这一时期思想政治教育学科建设有了新发展，即在巩固已有建设成果的基础上全面开展专业建设，形成学科群。

第三阶段：20 世纪 90 年代初到 21 世纪初。这是一个蕴含大量发展机会的新阶段，其中也夹杂着发展不平衡的问题。在这种形势下，高校加快了思想政治教育的进程，深入贯彻落实新思想和中央精神，创新教育途径，开创了诸如网络思想政治教育、校园文化建设、学生生活园区思想政治教育等形式。

另外，高校在应用理论方面也进行了集成创新与引进消化吸收再创新，如在思想政治理论课程教学中坚持理论传导与社会实践相结合，提高理论教育的有效性；同时，注重借鉴其他学科中的有关理论来分析与解决学生思想政治教育中所面临的问题，如借鉴美学方面的接受理论、传播学方面的大众传播理论、心理学方面的学习理论、管理学方面的激励理论、组织行为学方面的群体动力与激励理论等。随着我国学者对中华优秀传统文化内核解读的深入与拓展，大学生思想政治教育的实务与理论研究都不同程度地关注了中华优秀传统文化元素，并且注意从具体品质到文化精神、从思想内涵到思维方式的不断提升与拓展。也就是说，这一阶段在应用体系创新方面是全方位的。

第四阶段：21 世纪初至今。这是一个有序却面临着新挑战、新任务的阶段，该阶段大学生思想政治教育呈现日新月异的综合创新的态势，各地高校注重将思想政治教育的基本要求同所面临的实际情况相结合。

（2）大学生思想政治教育创新的延展性

这里的延展性创新是指某种创新具有巨大联动效能，能带动其他一系列创新活动的发生与发展，这种创新通常居于创新活动链的高端或创新活动系统的中心。这种延展性创新主要体现在理论创新、制度创新、体制创新、技术创新和管理创新等方面。

不可否认，大学生思想政治教育存在着延展性创新，其联动效应正在逐步显现。例如，几十年的思想政治教育学科建设不仅增强了学科自身的力量，而且对思想政治教育的实务工作也产生了越来越明显的推动作用，同时，实务工作的进展又反过来促进理论研究的深入。在工作理念方面，大学生思想政治教育在坚持"三贴近"（贴近实际、贴近生活、贴近群众）方面不断探索，注意将教育规范与充分满足学生的成才发展需要有机结合起来，并且产生了一些引进消化吸收再创新的理论和教育方式，如这些年来所提出的生活德育论、网络思想政治教育等。

二、大学生思想政治教育的地位与功能

大学生是中国特色社会主义事业的建设者和接班人，同样也是各种外来力量竞相争取的对象。正因为如此，加强和改进大学生思想政治教育在科教兴国战略和人才强国战略的实施中就显得尤为重要。尤其是当今世界正处在大发展、大变革、大调整时期，以信息科学、信息技术为主要标志的世界范围内的科技革命正在形成新的高潮，科技进步日新月异，国际经济、科技竞争围绕人才和知识的竞争展开。当今和未来世界的竞争，从根本上说还是人才的竞争，我国要想跟上世界科技进步的步伐，就要加快科技创新和知识创新，让一大批优秀人才脱颖而出。

（一）大学生思想政治教育的地位

1.实施科教兴国、人才强国战略的需要

大学生是十分宝贵的人才资源，既是民族的希望，也是祖国的未来。我国今后的发展需要各方面的资源，但最重要的是人才资源。2004年，中共中央、国务院发出《关于进一步加强和改进大学生思想政治教育的意见》，其中明确指出："加强和改进大学生思想政治教育，提高他们的思想政治素质，把他们培养成中国特色社会主义事业的建设者和接班人，对于全面实施科教兴国和人才强国战略，确保我国在激烈的国际竞争中始终立于不败之地，确保实现全面建设小康社会、加快推进社会主义现代化的宏伟目标，确保中国特色社会主义

事业兴旺发达、后继有人，具有重大而深远的战略意义。"[①]

　　科教兴国战略要求全面落实科学技术是第一生产力的思想，坚持教育为本，把科技和教育摆在经济社会发展的重要位置，增强国家的科技实力及向现实生产力转化的能力，提高全民族的科技文化素质，把经济建设转移到依靠科技进步和提高劳动者素质的轨道上来，加速实现国家的繁荣强盛。人才强国战略作为国家的一项重大战略，有着丰富而深刻的科学内涵。人才强国战略的核心是"人才兴国"。国家兴盛，人才为本。依靠人才兴邦，走人才强国之路，大力提升国家核心竞争力和综合国力，是人才强国战略的要义。

　　科教兴国战略和人才强国战略的制定和实施是以邓小平理论和"三个代表"重要思想为指导，从当代世界和中国深刻变化着的实际出发，根据党和国家事业发展的迫切要求而作出的重大决策。改革开放以来，"中国速度"成为世界经济发展的一大奇迹，中国经济的持续发展令世界瞩目。然而，随着改革开放的不断深入，社会对人才的需求急剧增长，人才问题日益突出。党中央、国务院在科学分析和总结21世纪以来世界经济、社会、科技发展的趋势和经验，充分估计未来科学技术特别是高科技发展对综合国力、社会经济结构、人民生活和现代化进程的巨大影响的基础上，意识到要实现国民经济持续健康发展，必须依靠科技进步和人才培养。

　　科教兴国战略和人才强国战略对加快社会主义现代化建设，推动中国特色社会主义事业的发展具有极其重要的意义。无论是科教兴国战略还是人才强国战略，都强调人才的作用，都要求尊重知识、尊重人才。人才不仅影响经济发展的大局，也影响政治发展的大局。人才是科技进步、国家繁荣、经济发展的

---

　　① 《中共中央国务院发出〈关于进一步加强和改进大学生思想政治教育的意见〉》，《中国高等教育》2004年第20期。

第一资源。培养同现代化要求相适应的高素质劳动者和专业人才，发挥我国巨大的人力资源优势，关系着社会主义事业的全局。

全面实施科教兴国战略和人才强国战略都强调教育的基础地位，都要求将教育放在首位。科技的进步靠人才，而人才的培养则靠教育。无论是培养高素质人才还是提高整个民族和国家的创新能力，教育都发挥着不可替代的作用。不仅如此，教育也是发展中国家追赶发达国家，实现经济社会跨越式发展的基础性事业。百年大计，教育为本。教育是社会主义物质文明和精神文明建设极为重要的基础工程，对提高全体人民的思想道德素质和科学文化素质，对培养一代又一代社会主义事业接班人，具有重大的战略意义。

习近平总书记在中国科学院第十七次院士大会、中国工程院第十二次院士大会上的讲话中强调："面对科技创新发展新趋势，世界主要国家都在寻找科技创新的突破口，抢占未来经济科技发展的先机。我们不能在这场科技创新的大赛场上落伍，必须迎头赶上、奋起直追、力争超越。"[①]这充分体现了习近平总书记对人才发展的高度重视。从实施科教兴国战略到人才强国战略，再到创新驱动发展战略，中国不断迈向全球竞争与世界发展舞台的中央。

实施科教兴国战略和人才强国战略，无论是重视人才还是强调教育，都应使思想政治教育成为题中之义。科技的发展需要高素质人才，而成为高素质人才，最根本的就是要有良好的思想政治素质。高等教育作为一项系统工程，既包括科学文化知识教育，也包括思想政治教育。从这个意义上说，加强和改进大学生思想政治教育是实施科教兴国战略和人才强国战略的重要内容。

---

① 《习近平在中国科学院第十七次院士大会、中国工程院第十二次院士大会上的讲话》，载于《人民日报》2014年6月10日第2版。

2.社会主义制度的内在要求

中国的革命、建设和改革事业都要求我们时刻注意社会主义意识形态教育。事实上，中国共产党也正是按照这一要求来实践的。在马克思主义中国化的历史进程中，中国共产党一直注意加强思想政治教育，从未放松。毛泽东同志在《论联合政府》一文中深刻指出："掌握思想教育，是团结全党进行伟大政治斗争的中心环节。如果这个任务不解决，党的一切政治任务是不能完成的。"① 习近平总书记在结合当前社会发展实际的基础上，提出要认真践行社会主义核心价值观，加强和改进大学生思想政治教育，为社会主义发展提供动力。

3.大学生健康成长的内在需要

思想政治教育工作存在的理由从根本上讲是人和社会发展的需要。它是个人健康成长和社会顺利发展必不可少的工具。人性是由生物性、社会性、精神性三个基本属性有机组合而成的。人，首先是生物性的存在，在这方面，人和其他生物有着更多的相似性。生物性的存在需要物质能量的供应，而这主要涉及人与自然的关系，为此，人类要从事物质生产活动，发展科学技术，提高自身的工作效率，尽量从自然中获取更多的物质能量来支撑人类自身的生存和发展。同时，生物性的人也具有一般动物的特性，往往追求自身生理本能需要的最大化。

人和一般动物的根本不同在于其精神性的存在。每个人都有理想和信仰，追求自尊和自由，渴望独立。然而，理想的实现，信仰的建立，自尊、独立与自由的获得，取决于众多的条件，这本身也是一个理论创新的过程。符合人类社会发展规律的理论体系是通过艰辛的理论创新而形成的，同时，也必须通过社会化的过程内化为每个社会成员的自觉追求，这些都离不开思想政治教

---

① 毛泽东：《论联合政府》，人民出版社，1965。

育工作。

大学生自尊心、好胜心强，想要摆脱权威、追求独立，这些都是大学生追求上进、敢于创新的基础。但是，大学生长期在相对封闭的校园中成长，对社会了解较少，缺少生活历练，对人生应该具备的相关知识了解不多、体悟不深，需要更为系统、深入的世界观、人生观教育，需要将人之所以为人的本质要求转化为自己内在的要求。因此，加强思想政治教育是促使大学生成才不可缺少的一环。未来社会需要更多全面发展的高素质人才，而公平竞争的意识、团队合作的精神、民主法治的精神、百折不挠的意志等已成为21世纪大学生走向成功的必备素质。高校一定要改变过分重视专业学习而忽视理想教育、政治教育、道德教育、心理教育的现象，为培养合格的社会主义建设者和接班人奠定坚实的基础。

（1）塑造大学生的人格

人格是指具有不同素质基础的人在不尽相同的社会环境中所形成的意识倾向性和比较稳定的个性心理特征的总和，简而言之就是做人的规格。人格包括人的认知能力特征、行为动机特征、情绪反应特征、人际关系协调程度、态度信仰体系、道德价值特征等。人格不仅控制着人的行为方式，而且决定着人的发展方向。思想政治教育工作者通过传授一系列的理论知识，引导大学生开展实践活动，促使大学生达到社会所要求的思想境界。这样，思想政治教育工作者就把外在的社会要求转化为大学生的内在意识，再由大学生的内在意识转化为其外在的行为。为了促成这两个转化，思想政治教育工作者需要不断研究社会要求与人格完善之间的关系，为进一步促进大学生人格的完善提供良好的基础条件。

（2）提高大学生的整体素质

提高大学生整体素质的核心是提高大学生的思想政治素质。开展思想政治工作是社会主义政治文明建设的重要保证，具体表现在以下三个方面：一是通过长期、持续的爱国主义、集体主义、社会主义教育可以提高大学生的思想政治素质，为巩固社会主义政治制度、维护社会稳定服务；二是通过思想政治教育可以提高大学生的政治觉悟，培育大学生的民主意识，增强大学生的法治观念和政治责任感，引导大学生提升政治认知，参与政治生活，参与社会主义民主政治建设；三是通过思想政治教育可以建立制度防范机制，创新民主管理机制，健全民主集中制，提高民主管理水平，完善监督制约机制，推进社会主义民主政治的发展。

（3）解决大学生深层次的思想问题

社会的发展、时代的变迁、教育的变革使得一些与我国国情、高校育人目标不相容的思想进入校园，给大学生带来一些不良影响。有的大学生淡忘了国家意识，消解了民族身份认同，逐渐失去了对中华优秀传统文化的认同感；有的大学生对重要的政治理论问题一知半解，对马克思主义理论认识模糊；有的大学生世界观、人生观、价值观存在误区与偏差，对当前的社会问题缺乏全面、系统、深入、客观的理解和认识，对中国特色社会主义道路、共产主义信念缺乏信心，对党和政府缺乏信任，态度消极，对未来感到迷茫。因此，加强思想政治教育已成为解决大学生深层次思想问题的必然要求。

（二）大学生思想政治教育的功能

1.导向功能

导向功能是大学生思想政治教育的根本功能，体现了大学生思想政治教育的目的性和超越性。大学生思想政治教育的导向功能主要表现在理想信念、奋斗目标和行为方式三个层面上。这同时也代表了三个不同层面的教育：一是理想信念教育，主要内容是马克思主义理论体系；二是政治教育，主要内容是党的方针政策；三是道德和法纪教育，主要内容是社会主义道德和法纪。这三个不同层面的教育是一种既相互联系又相互依存的关系，三者共同构成了大学生思想政治教育的主要内容。

互联网具有开放性、渗透性和趋同性的特点，因此高校在对大学生进行思想政治教育的过程中，应充分把握互联网的这些特点，以保证思想政治教育导向功能的充分发挥。传统的思想政治教育通常采用内塑型的教育模式，在教育过程中主要是将与教育目标相关的知识通过灌输的方式教授给学生，以语言或文字的形式告诉学生应该做什么，不应该做什么。而"互联网＋"时代的思想政治教育则不同，它是以潜移默化的方式对大学生的思想观念进行规范和约束的。

在日常的学习和生活中，大学生对网络上的信息极为关注并根据自身对这些信息的关注程度来决定关注问题的次序。针对这种情况，很多媒体开始有意识地对信息进行议程设置，以此来引导受众对社会和政治信息的思考和关注。互联网本身具有开放性的特征，这种特征会使受众产生趋异性。但是，互联网又具有交互性和渗透性的特征，在人为进行议程设置的情况下，这种趋异性在很大程度上被淡化并逐渐转为趋同性。在"互联网＋"时代，思想政治教育工作者要充分利用这种趋同性，以确保思想政治教育导向功能的正常发挥。为此，思想政治教育工作者需要强化在网络空间争当文化主导者的意识，以平等对话、研讨、交流的形式引导大学生形成正确的世界观、人生观和价值观。

2.沟通功能

大学生思想政治教育的沟通功能是通过网络交流和互动实现的。沟通的方式包括交互式视频、电子邮箱、电子查询、网络社区讨论等。思想政治教育工作者通过这些沟通方式，将思想政治教育的知识、观念等信息传递给大学生，并得到大学生的及时反馈。这既是一种教育信息的交流、传递过程，也是一种情感的传输过程。教育主客体通过思想情感的交流、融合，对思想政治教育达到一致认同。

民主的沟通氛围容易感染大学生。思想政治教育沟通离不开一定的沟通氛围，由于教育者的身份、地位、知识水平、人生阅历等在施教过程中处于优势地位，因此大学生难免有一些紧张情绪，这些因素势必影响到沟通的效果。如果教育者主动营造轻松活泼、民主和谐的沟通氛围，大学生的紧张情绪就会消除，心理压力就会释放，从而能自觉、主动地接受沟通。

在思想政治教育沟通中，人格的魅力不容忽视。教育者如果拥有高尚的人格，就容易在大学生面前树立权威，赢得信任。大学生会在无形之中被教育者平等待人、谦虚亲切、爱岗敬业的精神感染，产生尊敬和信赖，发自内心地倾听、理解、内化教育者发送的信息，全力配合并参与信息的有效沟通，实现目标。同样，教育者在沟通中如果有较强的观察分析能力、语言表达能力、人际交往能力、组织协调能力，能对大学生起到示范作用，就能以自己的行为激励大学生参与到思想政治教育沟通中。

3.大众传播功能

思想政治教育由于其自身的理论性而显得相对枯燥，会使大学生产生一种"被说教"的感觉。大学生需要一个能更好、更便捷地接收信息的途径。互联网通过丰富的图片、视频、音像等传递信息，对大学生来说，这样的传播媒介吸引力更大、趣味性更强。此外，在互联网中，每个人都可以自由地表达自己的意见，这有助于拓展思想政治教育传播的广度和深度，对推动思想政治教育的传播具有积极的作用。

在思想政治教育的传播方面，互联网是一种重要的工具和载体，以其传播速度快、互动性强和覆盖面广等特点很好地发挥了大众传播功能。当前，我们要想在传统的思想政治教育途径和方法上寻找突破，就要利用好互联网这一重要的工具和载体，让其成为开展大学生思想政治教育的又一强有力的工具。

4.开发功能

开发功能指的是通过对大学生进行思想政治教育，在最大限度内调动其潜能和主观能动性。大学生具有主观能动性，可以主动地认识世界和改造世界，这是大学生思想政治教育具有开发功能的根本原因。但需要注意的是，大学生的主观能动性具有一定的层次和深度，需要通过一定的方法对其进行正确的开发和挖掘，具体包括以下几点：

第一，尊重大学生的兴趣、爱好，充分发挥大学生的感官优势，这是开发大学生潜能的基本要求。信息内容丰富和功能独特是互联网的突出特点。因此，高校在对大学生进行思想政治教育的过程中，可以充分利用互联网这一阵地，开发一些形象、生动的教学软件，以此来激发大学生的学习兴趣，确保大学生在一种积极的氛围中接受教育并挖掘自身的潜能。

第二，利用多种形式和方法充分调动大学生学习的积极性和主动性，促进大学生的智力和能力同时发展，这是开发大学生潜能的重点。在大学生健康成长的过程中，互联网可以充当一种"助推器"，即通过互联网自身所拥有的丰富的、形象的和直观的思想政治教育资源来满足大学生对知识和信息的需要。在这种情况下，思想政治教育工作者可以采用参与式或启发式教学，引导大学生积极主动地学习。

第三，开发大学生潜能的最高层次就是培养大学生的创造精神。互联网的出现为思想政治教育提供了一个培养大学生创造精神的新空间。互联网不仅拓宽了大学生的思维空间，也使大学生的思维方式更加灵活多变。通过互联网，大学生可以学习到更多的知识，了解到更多的信息，不断拓宽自己的视野。"互联网＋"时代下的思想政治教育不仅可以让大学生知道不同思维方式的存在，还可以提高大学生的信息鉴别能力，使大学生亲自感受不同文化和思想的碰撞，以此来提高大学生判断问题、分析问题和解决问题的能力，促进大学生创新思维的发展。

5.调节功能

大学生思想政治教育的调节功能主要体现在学习调节、生活调节、心理调节上。大学生学习的动力之一是他们对探索未知、寻求真理有着浓厚的兴趣，而互联网能够极大地满足他们对知识的渴求，同时，大学生思想政治教育可以是参与式、启发式的，这比灌输式的教学方式更受大学生喜爱。大学生社会经验较少，而网络社会比较丰富多彩，因此将"互联网＋"时代下的思想政治教育融入大学生的日常生活中，可以陶冶其情操、调节其精神生活。同时，通过互联网进行的心理咨询具有隐蔽性、保密性、便捷性等特征，能够满足大学生倾诉、发泄等心理需求，可以对大学生的情感、学习、生活和人际关系中的困惑进行有效的疏导，因而对帮助大学生树立正确的人生态度、培养健全的人格具有积极的作用。

6.育人功能

与其他教育一样，思想政治教育也发挥着育人功能，育人功能也是思想政治教育的基本功能。大学生思想政治教育的育人功能主要表现在通过教育活动提高大学生的思想政治素质，以此帮助大学生树立正确的世界观、人生观和价值观，完善他们的人格。应当明确的是，马克思主义关于人的全面发展理论是大学生思想政治教育的指导理论。也就是说，高校通过开展思想政治教育，不仅要增加大学生的知识积累，提高其思想政治素质，还要促使其实现全面发展，成为建设祖国的优秀人才。

高校思想政治教育工作者通过互联网向大学生传播思想政治教育信息，能够对大学生的发展产生系统影响，同时，大学生也可以通过互联网对这些信息进行反馈，这对思想政治教育信息的传播具有重要影响，有时甚至会起到决定性作用。通过互联网这一媒介，传播者与受众、教育者与受教育者之间可以实现主客体间的沟通与交流，从而有利于及时对思想政治教育的不足进行完善。

此外，不断提高大学生的信息鉴别能力也是大学生思想政治教育育人功能的一个具体体现。网络信息复杂多样，不利于大学生对有用信息进行辨别，在这种情况下，就需要对大学生进行思想政治教育，以此来提高大学生对信息的辨别能力。也就是说，高校进行的思想政治教育不仅要进行"防御"，还要能够"进攻"。所谓"防御"，指的是"互联网＋"时代下的思想政治教育既能够提高大学生对网络信息的辨别能力，又能够使大学生明辨是非，积极抵御不良网络信息对其思想的侵袭；而"进攻"指的是大学生要充分利用互联网宣传正面的思想言论，批判腐朽思想和落后观念。

三、大学生思想政治教育的目标与原则

思想政治教育的目标与原则不是一成不变的，而是会随着时代的前进而不断发展。在当前时代，我们必须遵循适应时代发展的教育目标和教育原则，以此来保证大学生思想政治教育的有效性。

（一）大学生思想政治教育的目标

1.大学生思想政治教育目标的含义

大学生思想政治教育目标是教育总体目标在人的思想品德教育方面的体现，是预期的大学生思想政治教育效果，也是大学生思想政治教育要完成的基本任务。大学生思想政治教育目标是指通过大学生思想政治教育，使大学生在政治方向、思想品德等方面所要达到的目的。确立大学生思想政治教育目标是大学生思想政治教育的首要问题。它决定着大学生思想政治教育的内容、方法和形式等，对整个大学生思想政治教育过程起着指导、调节、控制的作用。努力实现大学生思想政治教育目标是大学生思想政治教育的出发点和落脚点，因而确立正确的大学生思想政治教育目标，全面、正确地认识和实现大学生思想政治教育目标，是大学生思想政治教育理论研究的核心问题，也是大学生思想政治教育工作者在组织大学生思想政治教育活动时所要面对的首要问题。①

2.大学生思想政治教育目标的基本特征

（1）统一性和层次性

目标引导、决定和规划着全部教育活动。大学生思想政治教育目标不是单一、孤立的目标，而是大学生思想政治教育本身的复杂性及其系统关系所决定的目标结构，也就是一种系统化了的目标体系，具有统一性特征。这里的统一性是指大学生思想政治教育目标要反映社会的总体需要，符合教育目标的规定。

此外，大学生思想政治教育目标体系还表现出层次性，也就是说，大学生思想政治教育目标具有从国家到院校，再到不同专业、不同年级、不同个人的不同层次。大学生思想政治教育目标的层次性是指在大学生思想政治教育总体

---

① 新华通讯社课题组：《习近平新闻舆论思想要论》，新华出版社，2017。

目标下有各级各类具体的目标。例如，从教育内容来看，有政治、思想、品德方面的思想政治教育目标；从教育性质来看，有普通教育的思想政治教育目标和体现各种专业教育要求的大学生思想政治教育目标等。

（2）超前性和现实性

大学生思想政治教育目标具有超前性和现实性，并在很大程度上表现出二者的统一。超前性是指大学生思想政治教育目标规定了思想政治教育对象应达到的标准，是指向未来的。由于确立的标准相对于大学生原有的思想品德水平来说，是预期的结果，因此具有超前性。现实性是指大学生思想政治教育目标从现实出发，根据大学生思想品德形成和发展的实际水平提出了具体的要求。这些要求不能脱离现实社会的实际道德水平。这些特征决定了大学生思想政治教育工作的方向，使大学生思想政治教育具有先导和超前的功能，从而提高了大学生思想政治教育工作的实效性。

（3）社会性和继承性

社会性是指大学生思想政治教育目标是由一定社会的需要所确定的。在阶级社会里，大学生思想政治教育目标具有阶级性，反映一定阶级对大学生思想政治教育的要求。社会发展是连续的，不同时期社会的政治、经济、文化等既有各自的特点，也有共性的一面，存在着内在的传承关系，表现在大学生思想政治教育目标的发展中也存在着历史继承关系。大学生思想政治教育目标的继承性是相对的，要经过统治阶级的选择，只有那些适应性较广的大学生思想政治教育目标才能为人们所接受。由此可见，大学生思想政治教育的社会性特征是通过阶级性和继承性来体现的。继承性表现为大学生思想政治教育目标所具有的历史传承关系。

3.确立大学生思想政治教育目标的依据

（1）符合统治阶级的利益

大学生思想政治教育目标作为上层建筑的有机组成部分，如何确立，归根结底由统治阶级的利益所决定。虽然大学生思想政治教育目标具有一定的历史继承性，但是它要经过统治阶级的选择，必须符合统治阶级的整体利益和政权稳定的需要。

（2）符合大学生思想品德形成和发展的规律

大学生思想政治教育是教育者培养受教育者思想品德的活动。大学生思想政治教育过程实际上是反映社会的政治思想、道德规范转化为个体的思想品德的过程。要达到这个目的，教育者仅仅提出教育要求，进行外在灌输是不够的，必须使大学生积极反应，主动参与，充分发挥主观能动性，这样才可能使他们比较自觉地接受教育，通过自我的内化实现思想政治教育目标。这一过程要遵循大学生思想品德形成和发展的规律，因此必须针对不同年龄阶段学生的不同特点和个体差异确定大学生思想政治教育目标，这样所确立的思想政治教育目标才能为大学生所接受。

（3）符合时代的特点和民族的传统

时代在变化，社会行为准则不可能亘古不变，不同时代必然有不同的道德规范，确立大学生思想政治教育目标必须依据时代的特点。当今世界经济的全球化和信息化，要求各国对外开放，相互依存，促使经济、科技、文化和人才的广泛交流。这样，各国的文化和价值观念也会相互渗透。为了提高本民族的竞争能力，必须培养年轻一代，使其不但具有现代科学技术和文化知识，还有自尊、自信、平等、民主的意识，同时，还要对外来文化中的消极因素具有辨别和抵制的能力。因此，在确立大学生思想政治教育目标时，既要反映现代化、信息化的时代特点，又要强调民族传统，发展民族文化和爱国精神。

（4）符合社会进步的需要

大学生思想政治教育目标反映社会发展的需要，既要反映社会比较稳定的政治、思想、道德要求，又要反映一定社会的政治经济和科学文化发生重大变革后对人产生的新要求。因为，任何社会的延续和发展除向年轻一代传授生产知识和技能外，还需要给予一定的思想教育，使年轻一代掌握社会的思想道德规范，以协调社会中人与人之间的关系，保证社会秩序的稳定。事实上，大学生思想政治教育活动本身就是由社会发展的需要而产生的。因此，大学生思想政治教育目标必须反映社会进步和发展的需要。

4.确立大学生思想政治教育目标的原则

（1）稳定性与灵活性相结合的原则

既要按照大学生思想政治教育大纲系统地进行教育，完成大学生思想政治教育的基本任务，又要根据时代变化及时调整大学生思想政治教育目标，使大学生思想政治教育具有时代精神。

（2）方向性和现实性相结合的原则

既要依据共产主义的远大理想，又要照顾我国社会主义初级阶段的现实情况，具体做到以下三点：一是坚持大学生思想政治教育工作的社会主义方向；二是经常进行党的路线、方针、政策的教育；三是积极引导广大青年学生脚踏实地，从现在做起，从自身做起。

（3）统一要求与区别对待相结合的原则

要对青年学生思想品德的发展提出统一要求，督促其进步，同时，又要根据学生的年龄特征、个性差异和思想实际实施不同的大学生思想政治教育内容。具体要求：一是针对不同学习阶段的学生分别提出统一要求；二是针对青年学生的思想特点、个性特点因材施教。

（二）大学生思想政治教育的原则

思想政治教育原则来源于思想政治教育实践，贯穿于思想政治教育全过程。原则不是条条框框的规定，不是教条和命令，而是具有指导意义的要求。新时代的大学生思想政治教育只有在实践中坚持思想政治教育原则，才能不断提高针对性和实效性。

1.坚持以马克思主义为理论指导

列宁认为，马克思主义的历史唯物主义是科学思想中的最大成果。过去在历史观和政治观方面占据支配地位的那种混乱和随意性，被一种极其完整严密的科学理论代替。[①]马克思主义指导思想是大学生思想政治教育的重要内容，为我国社会主义建设指明了方向。它与我国社会的基本情况是相符的，因此是符合我国国情的，是社会主义国家的人们正确认识世界和改造世界的有利思想武器。

只有以马克思主义为指导，才能对当前社会思想意识中的主要矛盾和次要矛盾有一个正确的认识，并在马克思主义的世界观和方法论的指导下，透过错综复杂的社会现象，发现问题并找到原因，同时保持清醒的意识和头脑。只有用发展的、与时俱进的马克思主义思想武装人民，才能使马克思主义思想武器的作用得到充分发挥，指导人们认识和改造社会现实，也才能使其真正成为人们的行动指南，推动先进文化不断向前发展。

2.坚持吸收中华传统文化的精华

中华民族拥有五千多年的悠久历史，传统文化源远流长、博大精深。"天

---

① 陈月兰：《核心价值观引领大学生思想政治教育研究》，中国商务出版社，2018。

行健，君子以自强不息"[1]"地势坤，君子以厚德载物"[2]"己欲立而立人，己欲达而达人"[3]"天时不如地利，地利不如人和"[4]等都是中华传统文化的重要组成部分。这些价值观念对中华儿女有着深远的影响，是中华民族的文化血脉和思想精华，是民族之魂。

中华优秀传统文化为大学生思想政治教育提供了思想和文化基础，二者是内在统一的。中华优秀传统文化经过五千多年历史的积淀，亘古弥新、意蕴深长，其中既有对理想社会的追求，又有脚踏实地的现实精神，逐渐形成了爱国敬业、和谐友善、诚实守信的价值观和道德准则。

在当前进行中国特色社会主义建设的过程中，对优秀传统文化的继承是中华文明自身发展的内在要求，是实现中华民族伟大复兴的客观需要，更是中国在世界塑造大国形象、实施软实力战略的迫切要求。长征精神、延安精神、雷锋精神、抗洪精神、抗震救灾精神、北京奥运精神等都是对优秀传统文化的诠释和升华。

3.坚持把握价值观的时代要求

大学生思想政治教育要体现当前社会主流价值观的时代要求，充分体现时代特色。这是因为价值观的形成和发展都是以社会实践为基础的，它并不是人们主观意识的产物，而是在特定的社会场域中，在一定的客观实践基础上形成的。这也体现了唯物主义的一般规律，即物质决定意识，意识对物质具有反作用。与时代要求不符的价值观是很难被人们接受和认可的，因为其不具有社会

---

[1] 上海辞书出版社编《国学名篇鉴赏辞典》，上海辞书出版社，2009。

[2] 同上。

[3] 戴楠、任仲才编《论语》，西苑出版社，2010。

[4] 朱熹注《孟子》，上海古籍出版社，1987。

实践基础，十分空洞，既背离了时代发展趋势，又不能对广大人民群众的精神和思想产生感染作用，也就难以长存。任何价值观要想具有长久的生命力，就必须顺应时代发展趋势，把握价值观的时代要求，具有鲜明的时代性。要把握价值观的时代要求，可以从以下三个方面入手：

一是要坚持意识形态的主导性。在当前社会中，意识形态领域呈现出多样化的发展趋势，这在很大程度上是受现实基础影响的，经济全球化、世界多极化的发展以及全球范围内兴起的科技热潮使互联网发展更加快速，信息的及时性和多渠道性也更加明显。这些都对社会中的主导意识形态产生了极大的挑战和冲击。因此，大学生思想政治教育需要坚持意识形态的主导性，正确发挥意识形态的方向指引作用。

二是要反映社会主义本质要求。在长时间的大学生思想政治教育中，党和政府不断进行尝试，试图走出一条中国特色社会主义道路，但是，在这一过程中，也遇到过很多困难和挫折。通过总结经验教训，人们认为应从理论与实践相结合的角度，正确把握社会主义本质。因此，大学生思想政治教育要充分揭示社会主义的本质内容，并通过宣传与教育引导大学生将其作为行为准则。

三是要适应时代发展要求。我们要抓住机遇，不断提高文化软实力，以马克思主义中国化的最新理论成果为指导进行大学生思想政治教育。要设法将大学生思想政治教育与中国特色社会主义建设有机结合起来，适应时代发展要求，用发展的眼光看待问题，创新中国特色社会主义建设途径，站在时代发展的前沿，努力实现中华民族的伟大复兴。

4.坚持科学性与以人为本兼顾

我国的思想政治教育以马克思主义为指导，代表最广大人民的利益，符合历史发展的总趋势，因而具有科学性的特点。价值具有阶级性，不同阶级的思想政治教育的价值也是不同的。现代思想政治教育不仅深具科学性，反映了思想政治教育的客观规律，而且具有价值性，能够满足社会全面进步和人全面发展的需求。

以人为本是一个内涵丰富的哲学范畴，其基点就是把"人"作为根本的评价尺度和价值取向，人是出发点，也是立足点，更是归宿点。以人为本要做到以下三点：

一是要以人的方式把握和理解人，确立人的观念、意识和维度，在看待外界事物和问题时，既坚持历史尺度，又确立人的尺度。对思想政治教育来说，确立人的尺度就是在认识、理解与自己交往的人时，将其作为一个与自己平等的一样具有思想和个性的现实的人。

二是要对人的主体作用和地位进行肯定。人作为社会历史发展的主体，是推动社会发展的根本动力，是历史的真正创造者。

三是要以人为立足点，尊重人、理解人、关心人、发展人。在进行思想政治教育时，只有坚持以人为本，以人为出发点和中心，真正理解人是一切社会关系的总和，才能不断提升自身的道德素质。

大学生思想政治教育要遵循科学性与以人为本兼顾的原则，具体应做到以下几点：一是需要保证教育教学内容的科学性，即教材和讲义所呈现的知识结构体系是科学的；二是需要保证教育主客体之间交流的科学性，即表达内容准确无误，阐述规律缜密；三是需要保证教学方法的科学性，即教育主体对教育客体的启发要遵循教育客体的认知规律。教育主体可以通过设置问题情境，把学习的主动权交给教育客体，并启发教育客体积极思考。同时，在大学生思想政治教育过程中，教育者要领会和运用以人为本的思想，坚持按照以人为本的原则引领道德素质教育的发展，从而让受教育者形成普遍的主体意识。

5.坚持理论性与实践性相统一

坚持理论性与实践性相统一应做到以下几点：

一是要反对主观主义的思想方法。与理论性和实践性相统一相反，主观主义是一种唯心主义、形而上学的思想方法。主观主义的思想方法和学风严重割裂了理论与实践之间的关系。因此，在大学生思想政治教育过程中必须坚决反对主观主义。此外，在大学生思想政治教育过程中，也要坚决反对教条主义和经验主义，遵循大学生思想政治教育的一般规律和原则，运用灵活多样的教育方法，联系大学生的思想实际，尊重差异，允许个性发展。

二是大学生思想政治教育一定要联系实际。大学生思想政治教育如果脱离实际，就是空洞的说教，收不到任何效果，甚至还会引起大学生的反感和抵触。因此，在大学生思想政治教育过程中要坚持理论联系实际。所谓实际，既包括大学生思想政治教育整个客观环境，也包括受教育者的思想实际。只有弄清楚思想政治教育对象的思想实际才能找到问题的症结所在，从而有针对性地提出正确的办法。

大学生思想政治教育是理论性与实践性相统一的过程。实践是思想品德形成的重要源泉，也是思想品德得以提升的重要动力，更是衡量大学生思想政治教育效果的标准。理论性与实践性相统一需要寓教育于活动，要教之于不知不觉中，即把大学生思想政治教育内容融于各种实践活动中，把大学生思想政治教育内容与各种实践活动结合得合情合理。除此之外，还要注重实践活动的真实度和深刻度，即大学生思想政治教育要注重质量的提高以及外显行为向内在精神的转化，只有这样，才能使大学生思想政治教育的内容与现实生活紧密结合，从而收到良好的教育效果。

6.坚持自主选择与积极引导相结合

从当前来看，在多元化思潮的影响下，当代大学生的价值取向也普遍呈现多元化趋向，因而大学生的需求更具个性化，大学生的主体性也更为突出。基于这样的现状，大学生思想政治教育应遵循自主选择与积极引导相结合的原则，一方面充分体现大学生作为学习者的主体性地位，另一方面最大限度地发挥教师的主导性教育功能。

具体来说，教师要尊重并认可学生自己的选择，并且通过积极引导帮助学生发现自身价值观、思想等方面的问题，从而让学生自觉选择正确的价值观。由此可以看出，培养大学生分析、批判和质疑的能力显得极为关键。大学生只有具备分析、辨别价值观"好"与"坏"的能力，才能在纷繁复杂的社会环境中不迷失自我。在实际的思想政治教育过程中，教师的教育方法应多样化，要以学生直接的感官感受和社会现状为基础，通过团体讨论、网站交流等形式让学生真正参与交流、表达，并在多种观点的交流和碰撞中发现各种价值观的利与弊。

7.坚持差异性与层次性并举

1978年4月，邓小平同志在全国教育工作会议上的讲话指出："我们在鼓励帮助每个人勤奋努力的同时，仍然不能不承认各个人在成长过程中所表现出来的才能和品德的差异，并且按照这种差异给以区别对待，尽可能使每个人按不同的条件向社会主义和共产主义的总目标前进。"[①]因此，在大学生思想政治教育中要尊重差异、区别对待，即要坚持差异性原则。

贯彻差异性原则，要求教育者重视受教育者的个别差异，根据受教育者的

---

① 《邓小平在全国教育工作会议上的讲话》，载于《中国教育报》1983年7月7日第1版。

不同需要，为其提供适合的、多元的选择空间和资源支持。在教育过程中，教育者要贯彻因材施教的思想，使受教育者学会发现、了解、尊重自我，对自身的发展充满信心，同时，要适时、适当地关注、赞赏和鼓励受教育者，使他们逐步具备完全的自我教育能力。

思想政治教育坚持层次性原则是由教育对象的差异性决定的。大学生思想政治教育坚持层次性原则，需要结合广泛性和先进性。如果不坚持广泛性，就有脱离受教育者、脱离实际的危害，理论教育也就难以取得成效；如果不坚持先进性，就会存在背离社会主义方向和共产主义方向的危险。

因此，在对大学生进行思想政治教育时，需要遵循差异性和层次性并举的原则，尊重学生差异、理解学生个性，最大限度地提高大学生思想政治教育的实效性。

四、大学生思想政治教育面临的机遇与挑战

随着时代的发展、科技的进步和高等教育改革的深入，以大学生为主体的思想政治教育发生了一系列变化。以互联网为代表的信息传播技术在给大学生思想政治教育带来机遇的同时也带来了巨大的挑战。

（一）大学生思想政治教育面临的机遇

1.教学空间得以扩展

互联网无时不在、无处不在的特点极大地改变了大学生获取信息和表达信息的方式，使思想政治教育的教学空间得以扩展。

一方面，传统的思想政治教育主要在教室、会议室等地方进行，教育活动

空间有限，而且必须集中在教师和学生都能到场的固定时间，很难利用零散的、碎片化的时间。而互联网的发展为大学生思想政治教育提供了更为便捷、灵活的渠道，只要通过移动终端接入互联网，教师和学生便可以随时随地进行交流和沟通，不受时间和空间的限制。

另一方面，传统课堂上的教育载体，包括电视、台式电脑等，由于受自身实体的限制，即便是在课堂上也很难被学生充分共享，更不可能在课后随时随地被学生使用。而通过网络连接，每一部手机都能成为一台小型的个人电脑。学生通过手机不仅能获取海量信息，而且能将有价值的信息存储起来。

2.教学内容得以丰富

互联网的内容涉及政治、经济、军事、文化、科技、教育、体育、卫生、娱乐等领域。网络的开放性不仅能使教育者利用网络及时获取丰富的教育资源，了解国内外先进的教育科研成果，也能使受教育者根据自己的兴趣、需要浏览和下载相关信息。互联网的资源共享可以使不同国家、不同地区的思想政治教育组织共享相同的教育资源，从而扩大了思想政治教育的覆盖面，实现了思想政治教育资源利用的最大化。从这个意义上说，"互联网＋"真正实现了"网络有多大，思想政治教育的舞台就有多大"。

一要拓宽思想政治教育的信息获取渠道。通过互联网，凡是有利于开展大学生思想政治教育的信息资料、政策文件都可以被找到、被利用，这极大地丰富了大学生思想政治教育的内容。互联网不但开阔了人们的眼界，丰富了人们的生活，而且促进了人类文明成果的交流和世界文化的创新。这些新的人类文化成果不仅丰富了思想政治教育的内容，也拓宽了思想政治教育的文化视野，还形成了新的思想政治教育环境。随着网络建设的进一步发展，大学生思想政治教育的信息获取渠道还会进一步被拓宽。

二要提高思想政治教育资源的传播率和利用率。以前，思想政治教育的资料信息需要通过购买获取，如《形势与政策》等教材更新很快，仅购买教材就是一笔不小的开销。高校想请专家、学者或名师作讲座，需要考虑专家、学者或名师的吃、住、行，成本也很大。现在，由于互联网所特有的信息可复制性、共享性、实时传输性等特征，有关专家、学者或名师的辅导、电视教育专题片都可以通过网络进入课堂。交互式远程教育使不同学校的学生同时接受名师授课的教学方式成为可能，既缓解了师资紧缺的问题，也免去了授课者的舟车劳顿之苦。此外，大学生通过在网上下载学习资源极大地提高了思想政治教育资源的传播率和利用率。

三要调动大学生获取信息的主动性与参与性。网络让大学生可以从任何一个设有终端的地方随时获取自身所需要的知识，迅速了解国内外正在发生的政治、经济、社会等方面的信息。通过互联网，大学生既可以方便地获取大量信息，又可以自由地进行思想交流，这极大地激发了大学生的求知欲和想象力，最大限度地调动了大学生获取信息的主动性与参与性。

3.教学方法和教学平台得以创新

以往高校对大学生进行的思想政治教育，主要采用授课或做报告的形式，这种单方面的授课方式对大学生的帮助是有限的。随着互联网技术的发展，大学生思想政治教育的手段更加灵活。

（1）互联网为大学生思想政治教育提供新方法

网络技术的快速发展使知识不仅可以用文字的形式来表示，还可以用视频、图像和音频等形式来表示。多媒体具有的多重感官刺激功能，使多种感官同时感知的学习效果明显优于单一感官感知的学习效果。虚拟现实技术通过计算机创造真实的受教育环境，其教学效果是传统的教学手段所无法达到的。这对于以说教形式出现，让学生感到枯燥无味的思想政治课来说，无疑有着积极的意义。过去由于教学条件的限制，教育者无法真正做到因材施教，而在多媒体环境下，学生个性化学习、小组协作学习、交互式学习等新的学习模式就有了实现的可能。

一方面，互联网增强了思想政治教育的时代感。大学生思想政治教育有着鲜明的时代特征，教材中关于国际关系、市场经济、社会制度等方面的知识与社会热点问题有着紧密的联系，互联网的即时性有助于教师和学生随时获得这些热点信息。许多网站都具有较高的信息更新率，能在重大事件发生后及时将它报道出来，让高校师生随时了解世界各地正在发生的大事，真正做到"足不出户，尽知天下事"。

另一方面，互联网打破了思想政治教育的空间限制。无论是近在咫尺还是远在天涯，网络都能把人们聚集在一起，这是网络时代大学生思想政治教育所特有的优势。信息网络技术的应用可以将世界各地的图书馆、科研机构等教育资源联合在一起，实现资源共享最大化，从而使高校师生能够更加便利地学习先进的科技知识和文化艺术。

（2）互联网为教育者与受教育者提供交流的新平台

传统的思想政治教育活动主要是通过课堂教学开展的，学生对教师既尊敬又畏惧。个别谈话是教育者与受教育者的沟通方式之一。这种沟通方式使大多数学生被动地接受思想政治教育，从而导致思想政治教育的时效性不高。在互联网环境下，一方面，学生和教师可以利用微信、电子邮件等实现一对一、一对多或者多对多的交流，这不仅极大地提高了思想政治教育的效率，也改变了传统的师生交流方式；另一方面，网络的虚拟性淡化了教育主体的绝对权威，为交流双方提供了一个相对宽松和隐秘的空间，从而使交流双方在平等、自由的空间里进行良好沟通，实现真正意义上的互动。互联网的出现使学生和教师之间的信息沟通有了极大的改善，满足了信息时代对大学生思想政治教育的要求。

当前，互联网为大学生提供了一个超越时空的虚拟网络平台，方便和促进了大学生与外界之间的信息交流。互联网具有开放性、平等性和互动性等特点，打破了时间、空间、社会地位等限制，使大学生可以"走近"任何自己想要接近的人和事，从而有利于丰富他们的精神世界，开阔他们的视野，使他们具有世界眼光。随着移动终端功能的进一步开发，大学生之间的通信体验将更具交互性。借助微信、微博等工具，大学生不仅可以进行个体之间的联络，还可以进行群体之间的联络，这有助于增进人与人之间的情感，突破人际交往的单项模式，扩大大学生人际交往的范围。

4.教学实效性得以提高

在互联网环境下，教师能及时了解学生的真实想法，掌握学生的心理动态，同时，互联网有利于疏通沟通渠道，提高思想政治教育的实效性。

（1）及时掌握学生动态，快速处理各种情况

通过互联网，人们可以快速了解世界上任何一个地方最新发生的经济、政治、文化等方面的大事。这种即时、准确、高效的信息传播方式有利于教师及时掌握第一手的信息资料，帮助学生解答疑惑，避免出现以往思想政治教育工作中信息传播渠道堵塞的情况。

（2）拓宽沟通渠道，提高思想政治教育的针对性

受传统思想观念的影响，学生普遍对教师存在畏惧心理，不愿意也不敢把自己的真实想法告诉教师，这使得教师很难真正掌握学生的思想动态，错过了开展思想政治教育的最好时机。在互联网时代，教师可以通过QQ、微信等组建

班级群来创建新的沟通渠道。教师一条普通的勉励短信、一句简短的留言、一条不经意的微博评论都可能对学生产生激励作用。互联网拓宽了师生之间沟通的渠道，有利于实现真正意义上的师生互动。

（二）大学生思想政治教育面临的挑战

1.大学生思想政治教育存在的问题

（1）"00后"大学生的个性心理、思维方式和思想觉悟发生变化

目前，在校大学生多为"00后"，他们成长的社会环境、家庭环境与教师成长的社会环境、家庭环境截然不同。随着经济全球化的不断发展和互联网技术的飞速进步，"00后"大学生不断受到各种价值观念、文化潮流的冲击，主要表现为以下三个方面：

一是"00后"大学生拒绝被标签化。用统一的标签定义"00后"大学生是一件很困难的事情，用某种单一的社会评价来定义"00后"大学生也是毫无意义的。拒绝被标签化是"00后"大学生最大的共性。与前几代人相比，"00后"大学生的个性是突出的、鲜活的；而从每个独立的个体来看，"00后"大学生的个性是多元化的、差异化的。因此，找一个统一的标签来概括"00后"大学生这一群体的难度系数极高。

二是"00后"大学生是促进互联网发展的关键人群。据统计，"00后"大学生中有四分之三的人网龄超过3年，他们平均每天花费18%的时间上网，而一般的中国城市居民平均每天花费13%的时间上网。对于"00后"大学生来说，互联网已经不只是一个工具，更是一种生活方式。"00后"大学生将会是促进互联网发展的关键人群。

三是"00后"大学生的自我意识觉醒。"00后"大学生是富有创新精神的

一代人，他们对新事物、新思想的接受程度极高，有能力提出不同的见解。

　　总的来说，"00后"大学生的个性心理、思维方式和思想觉悟均发生了较大变化，部分"00后"大学生出现了一些问题：有的大学生缺乏辨别能力，不关心国家大事、社会生活和公益事业；有的大学生崇尚个性，过于关注自我，功利心强，缺乏责任感、正义感和同情心；有的大学生手机不离手，网络成瘾，与家人、同学、教师缺乏交流，不善于团队协作。

　　（2）思想政治教育体制单一、不灵活

　　目前，大学生思想政治教育的队伍主体是学校的党政干部、共青团干部、思想政治理论课教师和班主任。大部分高校的思想政治教育工作有两条线：一是开设思想政治理论课；二是进行党、团、学管理工作。教育部非常重视大学生的思想政治理论课，全国所有的高校都使用由优秀的思想政治教育专家编写的教材，但课堂教学效果参差不齐，特别是某些高等职业院校更注重对学生专业技能的培养，忽视了思想政治理论课教学。

　　此外，从事思想政治理论课教学的教师如果不了解学生的需求，就可能使思想政治教育流于形式、浮于表面；如果教师不能从学生的角度出发，就不能真正地了解学生，也就解决不了学生面临的实际问题，最终形成思想政治教育"两张皮"。在具体的教学过程中，某些学校的党、团、学管理工作较为单一，活动流于形式，相关的活动设计没有结合学生的专业，不能对学生产生积极的影响。

　　（3）思想政治教育工作者不稳定

　　目前，大学生思想政治教育工作存在这样一个误区：思想政治教学归思想政治理论课教师，思想政治工作归辅导员，这显然是不正确的。

　　首先，一些学校对学生管理工作不够重视，导致很多辅导员把学生管理工

59

作当作一个锻炼机会，而不是一项教育学生的终身事业。一旦有机会，这些辅导员就有可能转到其他岗位。

其次，学生与辅导员比例失调。很多学校的学生管理人员配备不足，一个辅导员要管理几百个学生，而一个人的精力毕竟有限，无暇顾及每一个学生。因此，有的辅导员只能勉强完成既定任务，无法把思想政治教育工作做得扎实、具体。

最后，一些学校的辅导员在薪资、待遇等方面与其他教师有差距。如果辅导员的生活质量没有得到保障，那么其思想可能会出现问题，可能会把自身对环境的抱怨转移到学生工作上，这样可能会严重影响学生。

2.互联网对思想政治教育工作者的挑战

互联网时代，高校思想政治教育工作者的身份权威和知识权威面临着极大的挑战，主要表现在以下三个方面：

第一，互联网的开放性、便捷性使大学生可以随时获取各种各样的信息，不再轻易接受高校传统思想政治教育工作者的一味灌输。如果教师所教授的内容没有充分的说服力或缺乏对新鲜事物的敏锐性，部分学生就会对教师所教授的知识产生怀疑，从而影响教师的权威。

第二，部分高校的思想政治教育工作者在教学过程中表现出一定程度的落后性，他们基本不使用现代化的教育手段，仍然发挥着"一支粉笔、一块黑板、一张嘴"的作用。在网络时代，依然采用传统教育方式的高校思想政治教育工作者常常会显得力不从心，这会导致大学生对高校思想政治教育工作者的权威产生怀疑，这就对高校思想政治教育工作者的素质和相关专业技能提出了更高的要求。

第三，传统的高校思想政治教育工作忽视人的主体性以及师生之间的互动性，导致高校思想政治教育工作者的授课内容与受教育者的实际需求脱节。有些高校思想政治教育工作者在课堂上的任务主要是引导学生应付考试，课堂教学缺乏知识魅力、人格魅力，进而导致学生在遭遇挫折、产生心理冲突与困惑时，常常选择自我调适或求助网友，而不愿意与教师沟通。

3.互联网对思想政治教育受教育者的影响

互联网就像一把双刃剑，在给大学生的学习、生活带来便利的同时也带来了一些负面影响，这主要表现在以下三个方面：

第一，降低了大学生学习的专注力，影响其学习质量。互联网的移动性、便捷性、人性化使大学生可以随时随地进行日常事务的处理、网上学习或娱乐休闲等，从而使大学生对互联网产生了强烈的依赖感。这种依赖感使他们很难专心致志地学习，一旦有机会他们便会迫不及待地投入网络世界。这种便利和随意不仅对纪律、规则甚至道德产生了威胁，而且将大学生自控力差的弱点进一步放大，降低了大学生学习的专注度及质量。

第二，"互联网＋"使"任性"成为大学生的常态。网络社会的开放性打破了国家和地域的限制，实现了不同民族、国家的人们在思想观念和意识形态上的交融和共享，但也为不良意识形态和价值观念的渗透提供了机会，使世界观、人生观、价值观尚未完全定型的大学生政治观念模糊、民族意识淡薄，从而导致其思想上的"任性"。与此同时，网络的匿名性降低了大学生的社会责任感，容易引发大学生道德失范；网络的虚拟性会使长时间沉溺于网络世界的大学生游离于现实与虚拟之间，形成双重身份、双重人格，造成角色的混乱与人格的分裂。长此以往，大学生会产生逃避现实社会、人际关系冷漠、人际交往障碍等一系列问题，引发心理上的"任性"。

第三，互联网在一定程度上改变了大学生的世界观、人生观和价值观。互联网具有传递性、实时性、交互性、开放性等特点，这让大学生看到了世界每时每刻都在发生变化，对于这个变化不定的世界，他们似乎只有抓住手机不停地点击、查看、刷新并作出最快的反应，才能与变化的世界同步。但这也让他们付出了更多的时间和精力，更糟糕的是，他们可能会对周围的变化感到麻木，在模棱两可的情况下，谅解、接受新生事物。在缺乏科学的评判标准和理论指导的情况下，如果他们认同了错误的思想、行为，就可能产生错误的世界观。

4.移动互联网对思想政治教育内容的影响

随着移动互联网的应用，教师能够随时随地通过网络查看和收集与思想政治教育有关的影像和视频等资源，这使思想政治教育从平面化走向立体化、从静态化变为动态化，从而增强了教学的互动性、趣味性，提高了思想政治教育的吸引力和感染力。大学生通过移动互联网不仅可以不受时间和地点的限制搜索自己需要的信息，还可以在线浏览、快速下载思想政治教育领域的专家举办的讲座等。

（1）大学生的网络道德和法治教育面临更加严峻的挑战

移动互联网的开放性使人们不仅成为信息的接收者，更成为信息的生产者和传播者，而且这种信息的接收和发送不受时空限制，从而使信息传播的双向性和多向性更加明显。大学生正处在世界观、人生观和价值观形成的关键期，在受到不同思想的冲击时极易暴露年轻人的冲动心态，且移动互联网的隐匿性和便捷性等特点使大学生更容易出现网络冲动。网络已经成为大学生表达和宣泄情绪的主要途径之一，有些大学生会在网络上发表一些违反道德甚至触犯法律的言论。因此，加强网络道德和法治教育也成为目前大学生思想政治教育的主要内容。

（2）创新成为大学生思想政治教育的常态

在互联网时代，面对无奇不有、无所不包的海量网络信息资源，大学生的主体性和自由选择权得到了极大的提高。与此同时，海量网络信息资源也对大学生的辨别能力、筛选能力提出了更高的要求。引导和教会学生利用网络、甄别网络信息成为大学生思想政治教育迫切需要增加的内容。虽然网络为大学生思想政治教育工作者提供了现代化的教学手段，但也容易使大学生思想政治教育工作者产生依赖。如何让现代化的教学手段与思想政治教育内容有机结合起来，实现线上教育与线下教育联动、课堂教育与课外教育互补、教师的主导作用与学生的主体作用互动，是大学生思想政治教育工作者必须解决的课题。虽然网络拓宽了大学生思想政治教育的渠道，但也为大学生思想政治教育带来了信息泛滥、信息污染、信息骚扰、信息的渗透与反渗透等一系列问题。因势利导、趋利避害、净化网络环境是对大学生思想政治教育工作者提出的新要求。

第三章　大学生思想政治教育工作创新

思想政治教育服从和服务于社会发展，既适应社会政治、经济、文化的发展，受政治、经济制度和社会主导意识形态的制约，又促进政治、经济、文化的发展。建设中国特色社会主义，必须着力从多方面开展大学生思想政治教育创新工作，本章从理念创新、内容创新、方法创新、机制创新、载体创新五个方面进行论述。

一、理念创新是前提条件

理念是行动的先导。教育需要创新，前提是思想上、理念上的问题要得到解决，否则就不可能实现制度上、内容上和手段上的创新。

（一）大学生思想政治教育理念的内涵

理念不是人头脑中自发产生的，也不是在实践中自发形成的，理念指的是人立足于社会实践，融入主体情感，基于客观现实和事物内在属性，得出的一种特殊的理性认识。

探究思想政治教育理念的内涵，是为了进一步将我国大学生思想政治教育工作做得更好。目前，思想政治教育理念的内涵在学术界没有一个固定的阐释，大致可以归纳为以下几点：

第一，思想政治教育理念是从事思想政治工作的人，基于长期的工作实践形成的对大学生思想政治教育这一特殊的社会活动的理性认识，是人们在思想政治教育活动中形成的教育观念。第二，思想政治教育理念是思想政治教育主体对思想政治教育的诸多方面，如规律、过程、任务与目的等的整体认知。同时，思想政治教育理念是思想政治教育的灵魂。第三，思想政治教育理念是人们理解和开展思想政治教育的基本精神及行动方向，贯穿于理论建构和实践发展的全过程。

本书中，思想政治教育理念指的是思想政治教育主体在教育实践及思维活动中形成的一种融合精神和理想的思想与观念，其可被认为是对大学生进行教育指导的思想基础。

教育理念创新是建设教育强国的思想前提，其既对教育实践发展具有导向作用，也与高校教育质量唇齿相依。[①]实现思想政治教育理念创新的前提是要理解教育的本质和特性。教育的主体要与客体实时互动，关注大学生的实际需要，将人文关怀作为主导。思想政治教育工作者应树立时代观念，在创新思想政治教育理念时要符合新时代的要求，符合大学生的实际需要，不断推进大学生思想政治教育改革之路。

（二）大学生思想政治教育理念创新的时代价值

大学生思想政治教育理念创新要以习近平新时代中国特色社会主义思想为指导，坚持改革创新，将创新的发展理念融入当代大学生思想政治教育中。

① 韩庆祥：《习近平新时代中国特色社会主义思想的原创性贡献和历史地位》，《中共中央党校（国家行政学院）学报》2022年第2期。

事实上，在大学生思想政治教育的发展过程中，只有创新高校的教育理念，提高思想政治教育工作者的自信心和思想道德水平，才能使他们真正地投入社会主义建设。所以，创新大学生思想政治教育理念、加快大学生思想政治教育发展步伐，具有重要的时代价值。

1.有利于促进高校思想政治教育内涵式发展

教育内涵式发展是相对于教育外延式发展提出的，内涵式发展强调质的发展、特色发展、创新发展。所谓教育内涵式发展，是指大学生思想政治教育要践行新发展理念，推动创新发展教育，以新"创"新，以新"育"新；推动协调发展教育，优化教学结构；推动绿色发展教育，改变学习模式；推动开放发展教育，挖掘教育潜力；推动共享发展教育，增强学生的获得感，促进教育公平。

发展的根本问题是"实现什么样的发展、怎样发展、为谁发展"，包括发展道路、发展主体和发展目的三大范畴。与教育外延式发展不同，教育内涵式发展是对大学生思想政治教育发展的根本问题、发展范畴的另一种解读。教育内涵式发展更加强调要把握教育发展方向，弘扬中华优秀传统文化；把握教育发展主体，注重学校转型升级；把握发展目的，注重学生全面发展。

2.有利于增强大学生思想政治教育的凝聚力

创新思想政治教育理念为提升教育凝聚力创造了前提条件。高校要坚定不移地走中国特色社会主义教育之路，增强党对学校发展的政治引领力，提高大学生思想政治教育的吸引力。大学生思想政治教育理念创新的内容要贴近学生的实际生活，这样才能更具感召力，培养出新时代所需要的全面发展的社会主义建设者和接班人。

创新思想政治教育理念在大学生思想政治教育中起到润物细无声的良好

效果。一是思想政治教育工作者需要凝聚古今中外优秀的教育理念,融会贯通,形成共识,开展大学生思想政治教育。二是思想政治教育工作者要从协调发展方面,运用各方协同力量,做到亲近学生、了解学生、指导学生,提高大学生的思想意识,促进大学生思想政治观念的发展。三是运用新媒介,开展形式多样的大学生思想政治教育,发掘本地历史文化资源,使学生获得与课本学习不一样的体验。例如,江苏师范大学把大学生思想政治教育由课堂延伸到课外,带领学生参观淮海战役旧址,让学生亲身感受历史的变化,把"以人为本"的教育理念有效地运用到实践中,取得了很好的效果。

3.有利于构建实践育人共同体

教育的目标是"让所有的金子都发光",因此在教育的过程中,应当增强学生的自信心,最大限度地挖掘学生的潜力。注重创新实践教育理念,是先进教育理念的共性特征,既要准确把握时代需要,又要尊重高校的历史与文化,避免历史虚无主义。遵循教育规律,从实际出发,避免空想主义,过大或过虚的教育理念都不利于高校的教育发展。大学生思想政治教育理念定位要准确,避免"浪漫主义"色彩过重。

我国高校在重视学习古今中外先进教育理念的同时,应当结合自身的实际情况,对先进教育理念的共性特征加以深刻领会与把握,创造符合自身特色的大学生思想政治教育理念,构建系统化的教育体系。现阶段,我国高校在进行大学生思想政治教育理念创新时,基于创新人才培养和自身思想政治教育发展需要,科研和教学领域都要有所创新。这就需要政府为高校提供创新实践的基本条件,依法保护科研创新成果。高校应时刻关注大学生的教育情况和创新情况,培养学生的实践能力。高校思想政治教育工作者应坚持以马克思主义的实践观点为导向,贴近学生的思想政治教育实践,坚持传承创新,构建实践育人共同体。

4.有利于提高国家人才培养水平

要建设世界一流大学和一流学科，就需要营造良好的人才培养环境和氛围。高校思想政治教育工作者应树立以科研、教学为中心，以学生为本的教育理念，做到继承传统，不断创新。思想政治教育理念决定了大学生思想政治教育的发展方向，同时也是教育发展的最终体现。充分发挥教育新理念，有利于满足大学生的期待，坚定大学生的信念，培养大学生的责任意识。就目前而言，大学生是社会发展的重要推动力量，所以创新思想政治教育发展理念，为实现大学生思想政治教育发展指明了方向，从长远来看，有利于提高国家人才培养水平。

创新思想政治教育理念，要以"破茧成蝶"的勇气，不断构建大学生思想政治教育发展的目标体系，坚持不懈地践行立德树人的根本任务，推进协同育人，逐步形成各方面协调发展的人才培养体系。

二、内容创新是坚实基础

在高校思想政治教育过程中，一方面教育内容影响着大学生的思想行为，另一方面大学生的思想行为给教育内容提供了反馈，也指引着教育内容的发展方向。因此，高校思想政治教育内容的创新研究，对大学生思想道德水平的提高，以及高校思想政治教育的有效展开有着至关重要的作用。

（一）大学生思想政治教育内容的内涵

目前，学术界对思想政治教育内容的概念认识不一，其中具有代表性的有以下三种：

1.系统说

系统说认为，思想政治教育内容是由相互联系和相互作用的多要素按特定层次结构组成的，具有提高教育对象的思想道德素质等功能的一个系统。系统说认识到了"思想政治教育内容"和"思想政治教育内容结构"的统一性，但却将两者完全等同起来。实际上，内容与内容结构既相互统一，又相互区别：两者的区别在于内容是内容结构的组成要素，而内容结构则是内容的外在表现；两者的联系在于内容不是零散的、杂乱无章的存在，而是一种结构性存在，这种结构性会随着内容的不断丰富、发展而不断完善。

2.信息说

信息说认为思想政治教育内容是根据一定的社会要求和针对受教育者的思想实际，经教育者选择设计后有目的、有步骤地输送给受教育者的信息。有学者认为这些信息包括思想意识、价值观念和道德规范等。也有学者认为，在这个过程中传递的一切信息都是思想政治教育的内容。由于思想政治教育的功能有限，思想政治教育内容不可能无所不包，因此将思想政治教育内容定位为一切信息显然有失科学。

3.具体内容说

有学者通过列举思想政治教育的具体内容来定义内容的概念，如认为内容是依据目标和教育对象的实际确定的，包括世界观、政治观、人生观、道德观、法制观、创造观和健康心理教育七个方面。这一概念曾一度受到学术界的广泛认可，但随着时代的不断发展，大学生思想政治教育内容已突破了上述内容。

目前，学术界广泛认可的思想政治教育内容的概念是"根据一定的社会要求和针对受教育者的思想实际，经教育者选择设计后有目的、有步骤地输送给受教育者的思想意识、价值观念和道德规范等信息"。

（二）大学生思想政治教育内容创新的时代价值

1.理论价值

高校思想政治教育内容创新的目的不仅在于满足高校思想政治教育的理论需要，还要达到最大的社会效果。高校思想政治教育内容创新主要有以下理论意义：

第一，促进高校思想政治教育的科学化。加强和改进教育内容，既满足了大学生对思想政治教育知识的需要，又使大学生在复杂的社会实践中能及时得到思想政治教育理论的指导，同时对更新教学内容、提高教材质量也起到了积极的推动作用。内容如何定位？怎样创新？如何在突出重点教育内容的同时又侧重与时俱进的教育内容？这些问题都需要进行深入的探讨与研究。

第二，构建探讨思想政治教育内容的平台。高校思想政治教育内容创新具有双重功能，即载体功能和动力功能。高校思想政治教育内容创新作为高校思想政治教育内容的研究尝试，能够促进相关学者进行思考与讨论交流，搭建学术讨论平台，推动适应时代发展的思想政治教育内容体系的构建。

第三，提高大学生思想政治教育效果。思想政治教育内容创新是在科学的基础上对教育内容的完善与创新，丰富了大学生对思想政治教育内容的理性认识。内容创新无疑有助于当代大学生更好地学习和掌握相关理论知识，增强思想共识，使高校思想政治教育取得更好的效果。

2.实践价值

在高等教育中，思想政治教育处于十分重要的地位。现阶段，高校思想政治教育内容创新的实践意义包括以下几点：

第一，提高大学生的思想道德水平。教育对象的品德形成与教育内容关系密切。与时俱进的教育内容对大学生思想品德的形成和发展产生积极的影响。主要体现在以下几个方面：一是与时俱进的教育内容具有导向作用；二是与时俱进的教育内容具有感染作用；三是与时俱进的教育内容具有强化作用。教育者对大学生传导的价值观念、政治观点和行为规范，如果紧跟时代步伐，则有利于引起大学生的关注，使大学生更好地将其内化。

第二，提升教育者的道德素养和专业水平。科学规范的内容创新可以起到促进教学活动有序开展的作用，这在客观上有助于营造良好的学术氛围，培养一批为人师表、以身作则的教育者。在高校思想政治教育内容创新的推动下，教育者能更加重视教育内容的合理性，更加认真地研究教育内容在教育过程中的功能，以及如何更有效地发挥这种功能，从而能提高自身的教学水平与科研能力。

第三，促进高校思想政治教育的顺利进行。在枯燥乏味、重复冗余的课程中，高校思想政治教育必然难以取得预期的效果；而在生动有趣、与时俱进的教育内容中，高校思想政治教育才能顺利进行，取得良好的教育效果。当前，我国正处于全面深化改革的关键时期，更应对高校思想政治教育内容进行创新。

三、机制创新是重要保障

大学生思想政治教育机制的创新，是大学生思想政治教育创新体系的重要组成部分，它与大学生思想政治教育的方法创新、途径创新等一起构成思想政治教育创新的有机整体。思想政治教育的机制创新与思想政治教育其他方面的创新有着内在的联系：思想政治教育的机制创新研究应围绕思想政治教育的目标，把思想政治教育体系中各要素有机地整合在一起，发挥各要素的最优作用。

（一）大学生思想政治教育机制的内涵

"机制"一词在各个领域被广泛使用。在《现代汉语词典》（第7版）中，机制是指机器的构造和工作原理，也指一个工作系统的组织或部分之间相互作用的过程和方法。

思想政治教育机制是指思想政治教育运行过程中，各构成要素由于某种机理形成的因果联系和运转方式。我们对思想政治教育机制进行研究，主要是研究思想政治教育过程中思想政治教育现象的各个侧面和层次的整体性功能及其规律，包括其运行所依据的原理和原则，运行过程中的状况，即运行中各个部分之间的相互作用，以及和思想政治教育系统之外的其他系统之间的相互作用等。

良好的机制是做好思想政治工作的有效保证，只有建立起一套在社会主义市场经济条件下有效运转的科学化、规范化的机制，才能从根本上解决思想政治工作"说起来重要、做起来次要、忙起来不要"的问题。思想政治教育机制创新力图通过对思想政治教育系统、动态地考察，对多因素、多变量的思想政治教育运作做一种整体的、动态的刻画，来实现对思想政治教育运行的最优化控制。①

---

① 李辉、刘修华：《习近平思想政治工作思想论纲》，《思想政治教育研究》2018年第1期。

（二）大学生思想政治教育机制创新的时代价值

1.大学生思想政治教育机制创新是深化高等教育改革的题中之义

新形势下，大学生思想政治教育的环境和对象发生了很大变化。面对这种变化，高等教育改革应向纵深发展。高等教育改革是一项系统工程，包含多方面的任务，因而需要有与之相适应的正确方法，其中创新思想政治教育机制尤其重要。有人说，大学生"智育不合格是次品，体育不合格是废品，但如果德育不合格，那就是危险品"。因此，通过机制创新解决思想政治教育中的实际问题，为培养德智体美劳全面发展的人才提供契机，是高等教育改革的重要任务。

（1）大学生思想政治教育机制创新是高等教育改革的重要任务

高校教育改革是一项系统工程，目的是提高大学生思想政治教育的质量和水平，重要任务是创新大学生思想政治教育机制。实践表明，思想政治教育应当构建一个集理论和实践于一体的大学生思想政治教育机制，统筹和协调大学生思想政治教育全局，使之进一步适合大学生思想政治教育发展的实际，在现有基础上取得更大的成绩。

加强和改进大学生思想政治教育，既是高等教育整体改革的重要任务，也有利于高等教育改革的稳步推进。思想政治教育的运作在高等教育过程中起着协调和统筹作用。实践表明，思想政治教育是必不可少的。面对社会各方面的挑战，高等学校既不能消极应对，更不能回避矛盾，必须积极应对，努力改进，争取主动，迎接挑战。这就决定了高校必须将思想政治教育放在各项工作的首位，抓住机遇、创造条件进行创新，促进高等学校的整体改革，构筑适应时代要求的思想政治教育机制，使整个教育系统在协调、稳定中跨上一个新台阶。

在高等教育的整体改革中，改进大学生思想政治教育具有重要的地位和功能，也是一个系统工程，包括教育目的、教育环境、教育过程、教育原则、教育内容等方面，而机制在整个教育系统中具有协调性和统筹性。大学生思想政治教育要得到更大进步，需要在各个方面进行改革，这就必须有一套有效的运行机制来协调和统筹整个教育的发展方向和轨迹。新形势下进行高校教育改革，必须明确改革的整体目标和具体目标，重视教育机制的作用。可见，加强和改进大学生思想政治教育是高校改革的重要任务，直接关系到高等教育改革和发展的整体水平。

（2）大学生思想政治教育机制创新是改进思想政治教育的具体体现

新的时代需要新的教育，而新的教育绝非自然而来，只有在新的教育观下才能建构起来。有效的思想政治教育能够在人们思想形成、发展过程中起正面引导作用，帮助人们树立正确的思想。改进思想政治教育，关键在于建立适应思想政治教育发展的机制，使思想政治教育得以有效运转，从而引导大学生思想政治教育的健康发展。大学生的思想处于运动状态，处于一个不断变化的过程中。要想引导大学生向正面、好的方向转化，教育机构和教育者就应该承担起引导、教育的责任。大学生思想政治教育机制创新正是引导大学生向正确方向前进的途径之一，如果教育机制不创新，就会导致社会上的负面因素乘虚而入，影响大学生思想政治教育的健康发展。

思想政治教育机制能否有效运行，能否为大学生思想政治教育提供动力和保障，关键在于这种机制是否贴近实际、贴近生活、贴近学生，是否能调动大学生学习的热情。过去，由于思想政治教育机制存在某些问题，大学生思想政治教育往往是简单说教、脱离实际，教育费时费力且收不到理想效果。现在，大学生的生活实际、思想观念等都发生了重大变化，因此思想政治教育机制也应创新。

2.大学生思想政治教育机制创新是思想政治教育发展的内在要求

大学生思想政治教育机制创新是由大学生思想政治教育自身的发展决定的。新的历史时期，大学生思想政治教育无论在内容、形式、方法还是技术手段上，都发生了变化。作为贯穿大学生思想政治教育全过程、关系大学生思想政治教育全局和整体运转方式的大学生思想政治教育机制也必须创新。现实的问题是，大学生思想政治教育机制如沟通机制、激励机制、保障机制以及评价机制等不同程度地存在一些问题，解决这些问题是大学生思想政治教育发展的内在要求。

（1）沟通机制中存在不对称问题

沟通是现代社会交往的基本形式，对人们的思想和行为发挥着重要作用。沟通机制运用于思想政治教育，就是教育者与受教育者双方交流信息和情感的一个实践过程。由于价值取向和认知存在差异，主体在沟通过程中出现了一些问题。一些教育者不愿放下身段与受教育者进行心灵的交流，不能将生活中的具体问题与思想政治教育相结合，没有把思想政治工作做到大学生的心坎上，因而使得沟通过程缺乏情感互动。长期以来，这样的思想政治教育形成了一种思维定式，使得教育者与受教育者的沟通是单方面的，只能由一方向另一方实施，产生了"我说你听"的强制性、命令性的现象，导致学生出现逆反心理和对抗情绪，严重挫伤和压抑了大学生的主动性。沟通中出现的严重不平衡、不对称问题，影响了大学生思想政治教育的效果。

（2）激励机制中存在不平衡问题

大学生思想政治教育需要合理地运用各种激励机制去实现有效的教育，但在思想政治教育过程中，激励机制同样存在一定问题。某些激励机制注重的是物质形式，在实施过程中忽略了隐含的精神教育，成为纯粹的金钱教育，奖励过于简单化。无论获奖的学生还是没有获奖的学生，都产生了用优异的成绩去换取金钱的想法，没有将物质激励转化为精神激励，因而学生难以领悟在物质激励背后精神激励的巨大力量。同时，人们对激励形式的看法也有失偏颇，认为只有奖励、表扬才是激励，而惩罚、批评不是激励，这实质上是一个认识误区。心理学把强化分为正强化和负强化，奖励属于正强化，而惩罚批评属于负强化，它们都有激励的功能。但在大学生思想政治教育过程中，如果忽视惩罚的作用，就会使奖励和惩罚失去平衡，也就达不到真正的激励作用。

思想政治教育的激励是一个长期的过程，而在现实生活中，一些思想政治教育工作者不免有些急功近利，只追求立竿见影的效果，没有充分认识到激励的长期性和持续性，没有将其作为贯穿大学生思想教育全过程的重要手段。同时，在运用大学生思想政治教育激励机制时往往没有科学把握尺度，过于夸大事实，进行了不恰当的表扬或批评，因而产生激励失当的后果，与预期的目标有一定差距，甚至产生相反的后果。这是一个应该引起重视的问题。

（3）保障机制中存在不到位问题

一个系统要协调、稳定发展，必须有强有力的保障。面对纷繁复杂的社会文化现象，大学生思想政治教育保障机制在应对方面存在一些问题。总体上说，大学生思想政治教育比较普遍地存在思想上重视而实际上不重视的现象。思想政治教育工作者整体素质有待进一步提高，甚至有些思想政治教育工作者过于强调学术，而忽视思想政治教育的具体工作。相对于教学科研而言，大学生思想政治教育财力和物力投入不足，缺少必要的基础设施。这些问题的存在，表明思想政治教育迫切需要强化保障机制。

思想政治教育保障机制还存在滞后性的问题，现有的一些制度不适应或不完全适应形势发展需要，制度建设水平也比较低下，甚至出现似是而非、含混不清的情况。显然，这对实现思想政治教育目标产生了一定的阻碍，使得思想政治教育及其研究不能跟上时代的步伐。有些思想政治教育保障机制的条条框框很多，实质性的东西不多；表面工作做得很到位，但没有落实到位，在实际中难以实行或者根本不能实行。这些导致思想政治教育整个局面相对空洞，极其不利于思想政治教育的整体发展。

（4）评价机制中存在不合理问题

对思想政治教育效果的评价要看教育对象思想认识水平、思想道德境界和行为方式等的具体状况，这是一项很具体的工作。然而，在实际操作中有时会出现为评价而评价、开展表面工程、制造很多假象来满足被评价者虚荣心的现象。在许多情形下，对教育效果的评价仅限于发一份评价表，让学生去填写，没有实质性内容，甚至有的教育者在学生填表之前就对他们提出了一些要求。评价机制中存在的问题，其关键是缺乏制度保障，评价标准难以确定，因而表现出极大的人为性，难以用于实践。

上述问题远不是大学生思想政治教育机制中存在的全部问题，却足以表明，大学生思想政治教育机制创新迫在眉睫，势在必行。

3.大学生思想政治教育机制创新是促进大学生全面发展的重要举措

培养全面发展的社会主义建设者和接班人，是我国教育方针关于社会主义教育目的的根本规定，也是高等学校的一项根本任务。思想政治教育为大学生的全面发展提供了一个广阔平台，而思想政治教育的机制创新无疑是促进大学生全面发展的一项重要举措。

马克思主义关于人的全面发展的理论是思想政治教育机制创新的理论基础。正如有的学者所说，人的全面发展的内涵，是确定思想政治教育的根本任务、发展方向以及选择思想政治教育方式的根据；人的全面发展的目标规定了思想政治教育的根本目标和思想政治教育的本质；实现人的全面发展的途径揭示了思想政治教育的内在价值及有效途径。大学生全面发展的内涵奠定了思想政治教育的理论基石，为机制的创新提供了依据。思想政治教育工作者应当反映大学生全面发展的总要求，遵循其身心发展的规律，努力探索行之有效的思想政治教育机制，为大学生全面发展提供广阔空间和有利条件。

思想政治教育机制与大学生全面发展是手段和目的的关系，两者相辅相成、不可分割。在促进大学生全面发展的过程中，能否发挥思想政治教育机制的作用，很重要的一条在于能否以大学生的全面发展为导向，以先进的管理为契机，争取做到与时俱进。提高思想道德素质是大学生全面发展的一个重要组成部分，而思想政治教育机制的创新能够更好地促进整个思想政治教育的发展，为提高大学生综合素质提供平台，因此成为促进大学生全面发展的重要手段。

大学生的全面发展目标指明了思想政治教育的发展方向，为实现这一目标，思想政治教育就需要在机制方面大胆创新。思想政治教育机制创新的意义在于：不仅注重发展人的体能，更注重发展人的智能；不仅发展人的现实能力，更注意挖掘人的潜力；不仅要提升人的科学文化素质，更要提升人的思想道德素质。因此，思想政治教育机制创新是大学生全面发展的一个重要举措，能够促使大学生更快实现全面发展。

四、方法创新是有效途径

新时代，大学生思想政治教育的教育内容、教育目标及教育环境都发生着深刻的变化。因此，坚持把立德树人作为中心环节，树立围绕学生、关照学生、服务学生的教学理念，在正确认识和把握当前大学生思想行为特征的基础上，进一步完善和创新大学生思想政治教育方法，使之更加符合教育目标的要求。这对于促进大学生思想政治教育方法向科学化和现代化发展，完善高校育人机制，增强高校思想政治教育实效性，培养德智体美劳全面发展的社会主义建设者和接班人具有深远意义。

（一）大学生思想政治教育方法的内涵

思想政治教育方法，从广义上来说，是指思想政治教育工作者在认识和影响教育对象的思想和行为中所采用的方式、手段、形式、工具、程序等的总和，是思想政治教育工作者为实现特定的教育目的所必需的工具要素、中介要素以及关系要素；从狭义上来说，主要指思想政治教育工作者实施的教育方法，即思想政治教育工作者在工作或教学过程中使用的方法。

所谓大学生思想政治教育方法，就是思想政治教育工作者为传授教育内容、实现教育目标，在对大学生进行思想教育、政治教育和品德教育时所采用的方法或方式，是连接教育工作者与大学生之间的桥梁。它是思想政治教育工作者在对大学生进行思想政治教育的实践中，不断总结和概括出来的优秀成果，是对思想政治教育方法的丰富与发展。

（二）大学生思想政治教育方法创新的时代价值

马克思主义认为，无论是人认识世界的活动，还是改造世界的活动，都要遵循一定的法则，运用一定的符合其对象实际的方法，否则就不可能有任何成功。随着时代的进步和社会的发展，大学生思想政治教育的环境、内容、对象、目标都发生着急剧的变化，创新思想政治教育方法使之与思想政治教育的目标相符合，增强思想政治教育的有效性，对构建社会主义和谐社会、培养高素质的人才具有深远的意义。

1.有利于增强大学生思想政治教育的有效性

构建社会主义和谐社会需要人的全面和谐发展，大学生的全面和谐发展离不开思想政治教育。当前，加强和改进大学生思想政治教育，其中很重要的一环就是创新大学生思想政治教育方法，更好地实现教育的有效性。大学生思想政治教育作为一种教育活动，它的有效性依赖于手段的科学性、先进性。有了切实可行并丰富多样的思想政治教育方法，大学生思想政治教育才会焕发出新的生机，其实效性才会上一个新的台阶。因此，创新教育方法是提高思想政治教育有效性的重要条件。例如，运用有效的教育方法使大学生思想政治教育做到理论联系实际，严肃而不乏活泼；将传统方法与时代要求相结合，使传统的文化底蕴不乏时代的魅力。

目前，高校在加强和改进大学生思想政治教育工作上取得了明显的成效。然而，思想政治教育的目标还没有完全实现，大学生的思想政治素质和道德水平还存在不尽如人意的地方。比如，有些大学生缺乏远大理想、精神生活空虚，他们渴望教育者能实施合理的教育方法，但教育者的教育方法不当，致使大学生对思想政治教育方法的效果不太满意，这种状况表明教育的有效性还有待提高。这就需要教育者站在时代的高度，对传统的思想政治教育方法进行重新审视，改进和完善传统的教育方法，创立更多适应大学生发展的新型教育方法。方法的科学性是实现思想政治教育有效性的必然要求和根本保证。

2.有利于思想政治教育方法的科学化和现代化

当今时代是一个飞速变化和发展的时代，大学生的思想观念和价值取向呈现出多元化与多样性的特点，这就要求思想政治教育必须随着科学的进步和时代的发展不断提高科技含量和现代技术水平。

大学生思想政治教育方法的科学化是指思想政治教育方法的运用要以辩证唯物主义和历史唯物主义的科学理论和方法为指导，遵循大学生思想和行为变化发展的规律，运用科学的方法和技术手段进行大学生思想政治教育。

现代化是当前我国社会发展和进步的总体走向与基本特征，也是思想政治教育学科和思想政治教育实践发展的必然趋势。大学生思想政治教育方法的现代化是指在思想政治教育过程中不断地用现代科学技术武装、改造教育信息的传播媒体，以实现教育方法的最优化。思想政治教育方法的现代化，是大学生思想政治教育现代化的推动力量。

思想政治教育方法创新的过程实际上就是运用新型的教育方法，将思想政治教育的科学思想、科学知识和科学精神融会贯通的过程。大学生思想政治教育方法的创新应紧紧跟随社会发展和进步的潮流，紧紧把握当代大学生的思想实际和发展趋势，在适应变化了的新情况的基础上，不断调整和改革传统的思想政治教育方法，同时创造出新的思想政治教育方法。当然，大学生思想政治教育方法是逐步成熟与完善的。最初，许多方法也许是被不自觉地运用到教育中的，但这样的方法"名不正言不顺"，不利于推广传播，尽管这种不自觉的运用同样会产生很好的效果。思想政治教育方法创新，就是要为"土方法"正名、归类，为以后思想政治教育的发展提供系统的支撑。例如，有的教育者在思想政治教育过程中借鉴心理学知识，加大情感投入，对大学生进行思想政治教育。人们将这些方法总结、归纳为心理咨询法、情感教育法、感染教育法等，这些方法的创立和运用，会增强大学生思想政治教育方法的科学性。又如，有的教育者利用网络平台对大学生进行思想政治教育，并在教育过程中不断改进方法，这会提高思想政治教育方法的现代化水平。

与此同时，和谐社会理念以及社会的不断进步和发展也在一定程度上为思想政治教育方法的创新提供了精神支撑和物质保障。借助于强大的精神支撑和物质保障，思想政治教育方法的创新将有力地推动思想政治教育方法的科学化和现代化发展。

3.有利于大学生身心和谐健康发展

当前，一些大学生的思想政治素质和道德水平还存在不和谐发展的状况，主要体现为思维活跃但辨别力差、理论知识丰富但实践能力不强、学习能力较强但心理素质较差、渴望交流却又不愿沟通、怀揣远大的理想却不知如何实现、政治主体意识强烈但政治信念不坚定等。这些都要求不断创新思想政治教育方法，运用科学合理的思想政治教育方法使大学生的各方面素质都不断提高，实现大学生身心和谐健康发展。

思想政治教育方法的创新，要求新型的思想政治教育方法一定注重大学生的个体需求。例如，针对大学生实践能力不强的问题，教育者可以充分运用实践教育法，组织学生进行义务劳动、参加青年志愿者活动等，以增强大学生的实践能力；针对大学生心理素质较差的问题，教育者可以运用心理咨询法、情感教育法等，将思想政治教育和心理健康教育相结合，切实为大学生解决思想上的困惑，打开心理上的"症结"，使其保持健康心理。此外，教育者还可以运用理论教育法坚持对大学生进行理想信念教育，运用感染教育法对大学生进行感恩教育等。这样能够使大学生的思想政治素质以及其他方面的素质得到提高，实现大学生身心和谐健康发展。

五、载体创新是时代特色

大学生思想政治教育是思想政治教育的重要领域，通过一定载体进行大学生思想政治教育，是大学生思想政治教育运行过程内在规律的要求。

（一）大学生思想政治教育载体概述

1.大学生思想政治教育载体的内涵

载体最早作为一个科技词汇出现在化学领域，后来广泛应用于科学技术各领域，其基本含义可概括为：某些能传递或运载其他物质的物质。随着社会信息化的发展和学科综合化的加强，这个概念被引入社会科学领域，为众多学科所广泛使用，通常被理解为承载知识和信息的形式，这是载体的引申义，也是其在社会科学领域的一般含义。具体到不同的学科，对载体内涵的界定及其运用也不同。我们把能承载、传导思想政治教育信息或内容，能为思想政治教育主体所运用和操作，主客体可借此发生互动的形式，称为思想政治教育载体。

2.大学生思想政治教育载体的特点

作为大学生思想政治教育的载体，必须同时满足下列两个基本条件：

第一，必须能够承载大学生思想政治教育的目的、任务、原则、内容等信息，并能为思想政治教育工作者所操作。载体是能够承载知识和信息的形式，大学生思想政治教育载体作为载体的一种具体表现，应该是能够承载大学生思想政治教育内容和信息的形式，不承载大学生思想政治教育内容和信息的形式，不能成为大学生思想政治教育载体。例如，开会、办研讨班、大众传播、谈话、管理等形式，只有当它们有了教育者的思想政治教育目的的指向性，蕴含着大学生思想政治教育的内容和信息以后，才能成为大学生思想政治教育的载体。大学生思想政治教育是人类的一项社会实践活动，因此大学生思想政治教育载体还必须能够为教育主体所操作。有些形式虽然能够承载一定的大学生思想政治教育因素，但是不易于操作、不能为教育主体所控制，也不能看作大学生思想政治教育载体。例如，社会风气、社会经济状况等也能承载一定的大学生思想政治教育因素，但是它们非常复杂，不易为大学生思想政治教育主体所掌握，因而不能笼统地被看作大学生思想政治教育的载体。

第二，必须是联系教育主体和教育客体的一种形式，主客体可借助这种形式发生双向互动。思想政治教育是一个系统，其运行过程是由这一系统的诸多要素相互联系、相互作用构成的，也就是说，是教育者和受教育者在一定的教育目的的指导下，借助一定的方法、手段，相互作用的过程。在这一过程中，各要素之间是紧密相连、互相制约、互相依赖的，各要素是通过一定的途径和形式相联结的，载体就是各要素之间的联结点。换言之，思想政治教育的各要素一旦进入教育过程，就要通过一定的载体相联系，没有载体，思想政治教育过程就不能成为现实的运动过程。社会所要求的思想观念、政治观点和道德规范等大学生思想政治教育信息，只有通过大学生思想政治教育载体才能到达教育客体面前，才能为他们所感知，对他们产生影响，才能使教育信息发生交流、传播等形式的运动，使大学生思想政治教育活动得以完成。

总之，只有同时具备上述两个基本特征，才能成为大学生思想政治教育载体，也才能被恰当地运用。而不能同时满足上述两个条件的，不能成为大学生思想政治教育载体。

3.大学生思想政治教育载体主要表现形式

作为联系教育主体和教育客体的一种形式，大学生思想政治教育载体主要表现为以下两种形式：

第一，综合的教育形式。大学生思想政治教育是一个有目的、有计划、有组织的具体过程，要采取一定的教育形式，这样的教育形式就是大学生思想政治教育载体。例如，大学生思想政治教育可以采取思想政治理论课教学的形式进行，这种形式承载大学生思想政治教育的内容、原则、方法，并且教育主客体可以借此相互作用，因此思想政治理论课就是大学生思想政治教育的载体。

第二，具体的活动形式。大学生思想政治教育的目的要通过一个一个的教育活动来实现，其过程就表现为大学生思想政治教育的展开、运行和发展，是由教育活动或单独或先后衔接或横向呼应所构成的。例如，大学生思想政治教育可以通过社团活动、创建活动、社会实践等活动进行，这些不同的具体活动就是大学生思想政治教育的载体。

当然，载体的这两种表现形式的区分是理论上的、相对的，更多情况下，在现实的大学生思想政治教育过程中它们是融为一体的。

（二）大学生思想政治教育载体发展与创新的时代价值

长期以来，我们对大学生思想政治教育内容的研究比较重视，但对大学生思想政治教育载体的探索与创新却注意不够，从而影响到大学生思想政治教育的整体效果。因此，适应经济社会的新发展和大学生群体的新变化，不断发展与创新大学生思想政治教育载体已经势在必行。

1.大学生思想政治教育载体发展与创新是时代发展的必然要求

第一，社会主义市场经济体制的建立和完善，以及改革开放的深入和扩大，迫切要求大学生思想政治教育载体不断发展与创新。

当前，随着我国社会主义市场经济体制的逐步建立和完善，社会成员思想观念多元化、价值取向多样化日趋明显。市场经济激发了人们的主体意识，同时诱发了个人主义倾向；增强了效益观念和求实精神，同时诱发了拜金主义和重利轻义的思想，这给大学生的成长带来了不可忽视的影响。在观念多元化的社会，如果没有一个先进的主导意识来统率全局，就会造成人们思想的混乱、生活的无序。因此，在大学生的意识形态还没有定型，世界观、人生观、价值观尚未完全形成的时候，如何发展与创新教育载体，既立足于市场经济自主经营、平等互利的实际，引导大学生增强主体意识，树立平等互利、公平公正、诚实守信的道德观念；又立足于市场经济的竞争性、求利性的实际，引导大学生树立开拓进取、发展创新的观念，积极应对市场经济给大学生思想政治教育带来的风险、不确定性，提高大学生思想政治教育的针对性和有效性，就成为大学生思想政治教育载体发展与创新的重要内容。

同时，随着我国对外开放的不断扩大，大学生思想政治教育处在一个与国际社会交往频繁、相互影响加深的环境中，各种思想文化相互激荡、碰撞，使大学生成长的文化环境变得更加复杂。在各种文明的冲突和对话中，人们必定要对自己原有的价值体系做出反思和变革。在这种形势下，大学生思想政治教育载体如何贴近学生所关心的热点和难点问题，引导大学生深刻认识人类社会发展的规律和必然趋势，逐步树立正确的世界观、人生观和价值观，就成为大学生思想政治教育载体发展与创新的根本任务。

第二，大学生招生就业体制改革和高校内部管理体制改革，迫切要求大学生思想政治教育载体不断发展与创新。

首先，在大学生招生就业制度改革方面，交费上学、自主择业增强了大学生的市场意识、竞争意识、选择意识，同时使大学生在一定程度上将自己视为高等教育的投资者和消费者。在接受学校教育的过程中，大学生的主体意识进一步增强，将自己视为与学校地位平等的法律主体，与学校的关系正在发生深刻的变化。另外，就业形势的日趋严峻，使大学生把主要精力投入到专业课的学习上，忽视了对思想政治素质的培养，甚至对大学生思想政治教育的必要性产生怀疑，对内容和形式产生反感。此外，随着经济负担和心理压力的不断加大，部分学生对社会和前途感到茫然和困惑，不愿自觉接受学校的教育和管理，不去研究大学生思想政治教育的内容，盲目抵触、排斥它。因此，适应大学生思想观念的新变化，发展与创新大学生思想政治教育的载体，增强大学生思想政治教育的吸引力、感染力和实效性，非常迫切和必要。

其次，在教学体制改革方面，学分制改革是高等学校教学体制改革的重要内容，也是改革的主要方向。但随着学分制改革带来的选修课的增多，以及分级教学管理模式的出现，原来的"学校—院系—班级"的学生管理模式被打破，传统的以这一模式为工作基点的大学生思想政治教育载体出现危机；管理方式的多样化使大学生思想政治教育的"盲区"增多，而且有时感到无从下手、难以运用和实施。

最后，高校后勤社会化改革使后勤逐步从学校剥离，融入社会，实行市场化运作，从而使大学生学习生活环境发生重大变化。例如，学生公寓是大学生学习生活的重要场所，也是大学生思想政治教育环境的重要组成部分，随着高校后勤社会化改革的不断推进，大学生公寓管理模式也进一步多元化：地点由校内为主转为校外为主，管理由学校独揽转为多家协调。另外，围绕大学生的其他服务，特别是饮食、保健、文化娱乐等，也在逐步社会化。不可否认，高校后勤社会化改善了大学生的学习与生活条件，但是同时造成所有者和管理者、管理者和教育者、教育者和被教育者发生分离，并且使大学生思想政治教育的环境更加复杂。因此，如何应对高校后勤社会化改革带来的新情况，把大学生思想政治教育主客体紧密结合起来，也是教育载体不断发展与创新的迫切要求。

第三，现代科学技术，特别是信息网络技术的发展，迫切要求大学生思想政治教育载体不断发展与创新。

21世纪是一个高度信息化的时代，以信息技术为中心的现代科学技术已深入社会的各个领域，广泛地影响和改变着人们的社会生活，给人们，特别是大学生的世界观、道德观、价值观以及思维方式带来了全新的冲击与深刻的影响。它不但改变着大学生学习、思维和生活的模式，而且影响着他们的政治态度、道德风貌和价值取向。

信息网络技术的发展使大学生思想政治教育环境更加复杂。同时，网络时代的人机对话或人与人以网络为中介进行的交流使部分大学生将自己的思想、感情寄托在媒介内容之中，对社会现实生活漠不关心。另外，网络信息良莠不齐，一些黄色、暴力信息也毒害着大学生的思想。

网络打破了教育主体与教育客体的固定地位，变被动式教育为互动式教育。教育者与被教育者都是网络的主体，他们之间地位平等，不存在管理与被管理的关系。网络对教育者的权威地位产生了冲击，教育者的信息优势和技术优势部分地丧失了，因而也降低了教育者的权威性和影响力。

因此，加强对网络环境下大学生思想政治教育载体的发展与创新研究，提高大学生思想政治教育载体的科学性和艺术性，使教育载体经得起实践的检验，在实践中不断得到支持，能够为大学生所接受，从而真正在大学生思想政治教育的实践中发挥作用，已经成为大学生思想政治教育载体发展与创新的重要而又紧迫的课题。

2.大学生思想政治教育载体发展与创新是当代大学生思想状况重大变化的迫切要求

改革开放以来,中国社会发生了巨大变化,对人们的生活方式、思维方式、行为方式都产生了巨大影响。现在的部分大学生也明显地表现出心理矛盾增多、心理压力加大、心理问题多发等特点;在思想方面,他们的关注点日趋宽泛和分散,文化需求日趋多样。许多学生不愿意简单地趋同于主流文化,在语言、行为、交往、穿着等方面追求个性,其价值观念也有求新求异的趋势。随着身体的迅速发育,他们的自我意识明显加强,在心理和行为上表现出鲜明的个性和强烈的自主性,迫切希望从师长、家长的束缚中解放出来,开始积极尝试脱离他们的管理和保护。他们喜欢独立思考,勇于探索,具有很强的自尊心和自信心,强烈需要别人尊重与肯定他们的能力,不论是在个人生活安排上,还是在人生与社会看法上,他们都不满足于师长的传授,或书本上现成的结论,不轻信、不盲从,敢于发表自己的见解。

但是,我们也不无忧虑地看到,当代大学生虽然生理和思想意识都在快速发展,但其心理还是不够成熟、稳定。在一部分大学生那里,仍然存在着值得重视的问题,这突出地表现在两个方面:

一是在理想信念上,部分大学生缺乏正确的认识,他们追求理想,但动机趋向功利化。有的大学生偏向于对物质利益的追求,个别人甚至偏离了人生的目标;有的大学生对共产主义认识模糊,即使是要求入党也只是从个人的发展前景出发;有的大学生过分崇尚物质利益,把对物质利益的追求作为人生的最终目的;有的大学生处处讲究实用,完全忽视精神上的追求。

二是在政治行为和能力上,部分大学生的认识和行为脱节,理论和实际脱节，总体上表现出政治上的幼稚和不成熟。一些大学生希望正确认识社会，但又缺乏辩证思考的能力；他们的自我设计愿望强烈，但自我评价趋于片面化；他们要求独立，但又存在依赖心理；他们对国内外各种事务的认识丰富而多彩，但由于自身生活经验和知识的局限，实际处理各种社会事务的能力相对较弱，有时甚至会表现出知与行的矛盾。这些都极大地影响着当代大学生的成长和发展。

因此，要想适应大学生身心发展的新变化，与大学生的现实生活紧密结合，贴近大学生的成长成才实际，一方面，思想政治教育工作者应全面顾及学生已有的知识、能力、身心发展水平，发展与创新适合当代大学生身心发展特点的载体形式；另一方面，思想政治教育工作者传授的信息内容应既能体现当今社会发展的一般规律，又能适应未来社会发展对大学生的要求，使大学生思想政治教育的载体能够尽量发挥效力和延长生命力，这是大学生思想政治教育载体发展与创新的迫切要求。

3.大学生思想政治教育载体发展与创新是大学生思想政治教育科学化的内在要求

作为大学生思想政治教育的一个新的研究领域，大学生思想政治教育载体研究在大学生思想政治教育学中占有重要的地位。研究大学生思想政治教育载体，主要是研究大学生思想政治教育载体的理论、本质、属性、形态、运用与开发等方面的内容。但是，从大学生思想政治教育载体研究的现状来看，也存在着不少问题：一是起步晚，相关研究较少；二是现有研究观点纷呈，标准不一，表现出较强的随意性；三是研究不够全面、深刻、系统。

目前，大学生思想政治教育载体研究是一个薄弱环节，基本上还处于经验总结阶段。而对于大学生思想政治教育载体的发展与创新研究，特别是传统载体的现代化和新出现载体的科学化、系统化研究，则更显薄弱。因此，系统归纳与总结、深入探究这一领域，对于改变大学生思想政治教育载体的研究状况，促进大学生思想政治教育载体的发展与创新，推动大学生思想政治教育实践的发展，既有重要的理论意义，又有重要的现实意义。

载体建设对思想政治建设的重要性，就在于它是一定思想观念的物质化和现实化。载体的建设过程实质上就是大学生思想政治教育的进行过程、加强过程和落实过程。面对纷繁多变的社会生活和素质不断提高的工作对象，大学生思想政治教育载体出现了许多不适应，具体表现为：

一是建设理念的滞后性。以人为本是现代教育理念的核心，应贯穿于大学生思想政治教育的全过程，长期以来载体建设的不足就集中表现为贯彻以人为本理念不彻底、不全面、不清晰。主要表现为教育载体的运用过程重教育主体的积极性，轻教育客体的主动性；重理论灌输，轻行为训练；重理论体系的阐述，轻教育实践问题的研究；重教育者单向"灌输"，轻教育主客体的双向交流；重共性、单一教育，轻个性、多样性、层次性教育。

二是手段方式的滞后性。先进的教育手段是教育作用充分发挥的重要前提。大学生思想政治教育载体作用的充分发挥，也必须依靠自身建设的现代化，只有这样才能增强教育的吸引力、感染力，针对性、时效性。如果大学生思想政治教育载体几十年总是一副面孔、一种模式，就会脱离生活实际，使大学生失去新奇感，就会使大学生思想政治教育简单化、生硬化、公式化。特别是随着生产力的发展和科学技术的进步，教育手段、教育方式日益多样化和现代化，大学生思想政治教育载体也必须跟上时代发展的要求，实现自身的科学化和现代化。从目前的情况看，大学生思想政治教育载体建设的现代化水平还滞后于整个教育技术现代化的水平，从而降低了思想政治教育的效果。

三是内容覆盖的狭窄性。大学生思想政治教育的对象是"活生生的现实的人"。特别是随着形势的发展变化，大学生思想政治教育的内涵越来越丰富，既有政治方面的要求，又有道德意义上的要求，还有大学生身心发展方面的要求。每一个方面的要求，还有不同的教育层次和教育侧重点。因此，大学生思想政治教育的内容是多方面的、多层次的、不断发展变化的。与教育内容的这种多样性相适应，载体也应该丰富多样。原有的载体已经不能涵盖当代大学生思想政治教育的全部内容，呈现出覆盖的有限性、狭窄性：与政治内容相对应的载体多，与大学生自身发展紧密结合的载体少；与高层次道德教育内容对应的载体多，与大学生思想道德水平实际相结合的载体少；与传统的教育组织形式相对应的载体多，与现代教育组织形式相对应的载体少。载体建设的这些不足，一方面导致了大学生思想政治教育的针对性不强，另一方面导致了大学生思想政治教育在许多方面出现"空白点"，影响了总体的教育效果。

总之，随着形势的发展变化，大学生思想政治教育载体不能再固守传统的模式，而应把时代与科技发展的新理念、新成果、新方法应用到载体建设上来，实现自身的现代化，这是大学生思想政治教育载体发展与创新的出发点。

第四章 大学生思想政治教育理念创新

社会在发展，大学生思想政治教育理念也应是一个动态发展、开放的系统，不仅要反映出时代的鲜明特色，还应秉持创新的理念，实现持续发展。

一、以人为本的理念

以人为本是大学生思想政治教育为了顺应时代的发展而在教学实践活动中必须贯彻的一种崭新理念。将这一理念引入大学生思想政治教育，不仅很好地体现了科学化、现代化的发展理念，而且体现了大学生思想政治教育的本质要求。这一理念的贯彻对高校全面发展人才的培养有着关键性的作用和意义。

（一）以人为本理念的内涵

理解"以人为本"理念的内涵，关键在于对"人"和"本"的理解，也就是"以什么样的人为本"和"以人的什么为本"。在大学生思想政治教育工作中，"以人为本"的"人"就是指在目前社会背景下的具体的、现实的大学生个体，"本"就是要以满足大学生个体根本利益为本。这种根本利益具体表现为大学生的现实需求，包括主体性的需求，追求物质和精神利益的需求，自身全面发展的需求，而这些需求又因大学生个体的差异而有所不同。

1.要充分发挥人的主体性

传统的思想政治教育过程主要是一种教育者对受教育者的支配过程，教育者和受教育者的关系是一种主体与客体的关系，受教育者成了纯粹的接受客体，只是被动接受教育的"被填充的容器"。中国科学院院士杨福家曾说："学生的头脑不是一个被填充的容器，而是一个待被点燃的火种。"马克思主义认为，人是认识世界和改造世界的主体，这种主体性表现为人在认识和改造外部世界和人本身的活动中所表现出来的能动性、自主性和创造性。在思想政治教育过程中，教育者要重视和了解受教育者的主体性。受教育者主体性的发挥主要表现在能动性的发挥。一方面，受教育者能通过感觉、知觉等形式获得关于自身思想品德状况和所传授思想品德要求的感性认识，进而通过自主比较、分析、推理、判断等方式上升到理性认识，了解自身状况与社会要求之间的差距；另一方面，受教育者能对教育者所传递的思想道德信息进行选择，从而对自己的思想活动进行不同程度的调节。受教育者对思想道德信息的接受不是消极的，而是主动的、有选择的。受教育者在自主选择接受教育信息的同时，重建自己原有的思想架构，进而使自己的思想特性不断适应社会要求。

因此，思想政治教育中"以人为本"就是要充分尊重人，发挥人的主观能动性和创造性，帮助人实现自我完善和发展。

2.要理解和引导人对利益的追求

历史唯物主义认为，人的所有实践活动都遵循着两个尺度：一是物的尺度，即客观事物的本质及其规律性；另一个就是人的内在尺度，即自身的需要。而人对利益的追求在本质上是对满足现实需要的追求。思想政治教育必须充分尊重人们对利益的追求。物质利益是人对诸多利益的追求中最基本的，人们必须首先满足吃、穿、住、行等基本物质需要后才能追求更高层次的精神利益。

社会存在决定社会意识，社会意识对社会存在具有能动的反作用。思想政治教育的基本内容和大量工作就是帮助受教育者分析并厘清各种利益关系，确立正确的利益观。目前，随着我国社会主义市场经济的发展，人们对物质利益的追求成为一种普遍趋势，表现出日益明显的趋利性。这种趋利性一方面推动人们追求正当合理的物质利益，促进了生产发展和社会进步；另一方面影响人们判断是非对错的标准和进行决策的动机，在个人主义、拜金主义和享乐主义等思潮的影响下，一些人在处理国家、集体和个人利益的关系时"犯了难"，甚至做出了错误的决定。这就要求新形势下的思想政治教育高度重视人民群众的利益，以马克思主义的利益观来引导大学生正确认识和处理各种利益关系，使每一个大学生在符合国家和集体利益的框架下实现自身利益。

3.要关心了解人的差异性

马克思、恩格斯在《德意志意识形态》中指出："人创造环境，同样环境也创造人。"环境不同，对人的影响也就不同，同时随着环境的改变，人也相应地发生改变。一方面，环境创造人。人是现实的人，是具体的人，每个大学生的性别、性格、兴趣爱好等决定了其不同的生活习惯和生活方式，同时每个人都有其具体的成长环境、社会背景、知识结构，由此产生了不同的世界观、人生观。即使有些个体在某些方面有所相似，也会随着时间和实践的不同而发生变化。另一方面，人也创造环境。每个学生的思想观念和价值取向也有所不同，这种思想意识在个人的学习和生活方式、生活习惯、言行举止中体现出来，既对自己的思想意识有强化作用，又影响着周围人的意识。

综上所述，大学生思想政治教育中以人为本的基本含义是在思想政治教育中以现实的眼光来看待大学生群体，在了解教育对象的特点、需要以及差异的基础上，尊重和发挥大学生的主体性，理解和引导大学生的利益追求，关心大学生的全面发展，帮助他们自觉将教育目标转化为个人目标并为之奋斗，从而达到思想政治教育的目的。

（二）以人为本理念下思想政治教育开展的原则

1.平等原则

平等原则是指教育者与教育对象在地位和人格方面没有高低、尊卑、贵贱区别的原则。随着时代和社会的发展，教育对象的民主、平等、自主意识越来越强烈，传统教学中的理想化价值标准和要求以及教条式的价值规划，极易引起教育对象的逆反心理，已无法适应变化着的教育环境。因此，必须以平等的心态来对待受教育者。这种平等原则主要体现在以下几个方面：

第一，主体平等意识。通过对传统的思想政治教育反思可以看出，传统的思想政治教育在很大程度上忽视了受教育者的主体性，错误地把受教育者视为被动接受的客体。在当代大学生思想政治教育中，教育者应积极发挥自身的主导作用，充分挖掘教育对象的主体意识。在承认和尊重受教育者的主体地位的基础上，引导和组织受教育者平等地参与教育活动，以不断地激发受教育者的潜能和智慧，让其体验作为思想政治教育活动平等主体的快感。

第二，地位平等意识。教育者和受教育者是一种地位平等的扶助关系。思想政治教育工作者本着关心人、尊重人、理解人的原则，通过对大学生动情的、具体的人文关怀，解决大学生日常学习和生活中的实际困难，关心其心理、就业等方面的具体问题，把思想政治教育融入解决人的实际问题和困难之中，给大学生提供实实在在的精神帮助。因此，在关怀帮助的过程中，教育者与受教育者的地位是平等的。

第三，过程平等意识。思想政治教育工作者也是被教育者，与大学生所不同的是其能动性和自觉性更强一些，他们也需要通过实践来完成理想与现实之间矛盾的转化过程，从这个意义上来讲受教育者和教育者改造自己的过程是平等的。因此，大学生思想政治教育工作者要树立这种过程平等意识，多站在受教育者的立场了解、体会他们的需要。

思想政治教育工作者应从尊重和满足大学生的主体需要出发，遵循思想观念由浅入深、由具体到抽象、由观念到概念的形成与发展的规律，在思想观念发展的不同阶段采用不同的教育方式。这样的教育才是受欢迎的、有效的。

　2.理解原则

理解原则是指教育者对教育对象所遭遇境况产生的一种关心、体认和尊重的情感教育原则。在思想政治教育中，理解原则主要是通过教育者对教育对象的生存境况、思想现状以及自身发展需求的了解，通过设身处地地思考受教育者的困境，进而有针对性地提出帮助教育对象走出思想、情感困惑的一种原则。这种理解具体表现在以下两个方面：

第一，理解大学生的利益诉求。历史唯物主义认为，人的所有实践活动都遵循着内在和外在两个尺度进行。人总是将自己的需要倾注于对象之中，从而实现自身的本质力量，整个人类发展史证明，需要在可能性上构成实践发展的动力，实践则将这种可能性转化为现实。"需要"通过社会关系在现实生活中表现为人的利益，包括物质利益和精神利益。大学生对现实利益的追求是一种"需要"本性的表现，作为大学生思想政治教育工作者更要尊重、理解这种利益诉求。在理解的基础上，思想政治教育工作者还要对这种利益诉求进行合理的引导。

第二，理解大学生的思想成长环境。受互联网信息的影响，部分大学生难免会出现偏激的甚至是错误的世界观、价值观。针对这种情况，思想政治教育工作者不能一味地批评、指责，而应该理解他们这种思想产生的原因，抱着关心人、引导人的心态，贴近大学生，贴近他们的生活环境，心平气和地进行引导和说服，只有这样才能帮助他们建立正确的价值观念。

3.服务原则

服务原则是指运用思想政治教育的具体方法为教育对象提供全方位的帮助和指导服务，协助教育对象解决自身面临的实际问题，帮助教育对象树立适应自身和社会发展需要的思想观念的一种原则。具体表现在以下两个方面：

第一，为大学生身心健康提供服务。在当今社会背景下，人们面临的压力越来越大，受教育者在生活和心理上也更加需要得到关怀和帮助，他们渴望被理解、被尊重、被关怀，希望得到教育者的关心和肯定，期望与教育者进行平等的、心与心之间的交流。因此，思想政治教育工作者要关注、关心受教育者的实际需要和思想走向，理解受教育者的行为观点，给予他们生活关怀，引导他们走出思想困惑。在使受教育者感受到温暖的基础上，进一步引导他们尊重、关爱他人，培养大学生自爱爱人、自尊尊人、自信信人、怀人惜物的亲和情怀。

第二，为大学生全面发展提供服务。大学生在高校中学习，是为以后的社会生活做准备。而思想政治教育工作者帮助大学生实现全面发展，既是工作职责所在，又是思想政治教育工作为社会培养"四有"新人的内在要求。这就需要教育者从教育对象的需要出发，着眼于教育对象的发展，一切为了教育对象，通过自己专业的服务，使教育对象摆脱各种困扰，帮助大学生树立正确的世界观、人生观、价值观、政治观、道德观、法律观，促进其全面自由发展。

（三）以人为本理念下思想政治教育的创新途径

"以人为本"理念要求思想政治教育既要教育人、引导人、鼓舞人、鞭策人，又要尊重人、理解人、关心人、帮助人。为此，要做好四个方面的结合，即说理教育与情感教育相结合、自我教育与社会教育相结合、解决思想问题与解决实际问题相结合、政治理论教育与社会实践相结合。

1.说理教育与情感教育相结合

思想政治教育就是通过解决人们的思想问题来教育人、改造人，而解决思想问题的方法主要就是靠摆事实、讲道理，引导人们分清是非，明白事理。但人又是情感动物，情感活动是认识和洞察人们内心世界的窗口，反映人的现实的生活状态。因此，情感教育也成为思想政治教育的重要途径。

所谓说理教育，就是指运用思想理论的力量，对受教育者进行正面说服教育，从提高思想品质入手，以理服人，引导受教育者不断提高自己的思想觉悟，以求得各方面的进步。而情感教育是指在表达思想观点或者意愿态度时要投入真情实感，与教育对象有情感地进行交流，使情与理自然地结合起来。

人是理性动物，同时又是感性动物。列宁曾说过："没有'人的感情'，就从来没有也不可能有人对于真理的追求。"思想政治教育过程就是人与人之间的交流过程，在这个过程中，人的理性认识和情感交流是始终交织在一起的。在教育对象文化水平较低、思想顽固、性格偏强、逆反心理较强的情况下，应先通情，后入理；相反，在教育对象文化水平较高、思想比较活跃、性格较开朗、自我意识较强的情况下，则宜先导理后入情，情理交融，最终达到思想政治教育的目的。

2.自我教育与社会教育相结合

所谓自我教育，是指受教育者按照思想政治教育的目标和要求，通过自我学习、自我修养、自我反思等方式，主动接受科学理论、先进思想观念、社会生活规范，以提高自身思想认识和道德水平的一种教育活动，包括个体自我教育和集体自我教育。个体自我教育重在加强自身修养，进行自我行为管理。主要方法有自主学习理论知识，自我思考、批评，制订自我培养计划，自我行为约束等。集体自我教育是指在一个集体内部，通过成员间相互影响、相互激励、相互促进，让群众自己教育自己的活动方式。主要做法有集体讨论、座谈会、辩论会、民主生活会、竞赛评比等。

首先，"以人为本"的思想政治教育要求受教育者进行自我教育。著名教育家叶圣陶曾说过，教育是为了达到"不教育"。自我教育能充分发挥受教育者的主观能动性，增强受教育者的自我意识，使受教育者更自觉地参与到教育活动中来，从而保证了思想政治教育目的的顺利实现。

其次，自我教育的实施离不开社会教育。自我教育绝不是单纯的、孤独的个体学习行为，它无时无刻不受教育者的引导和社会因素的影响。一方面，人的主体性从自在、自然到自觉、自为，是在社会教育的启发下完成的。另一方面，自我教育的成果也必须经过社会的检验，通过社会教育来进行修正。

因此，思想政治教育必须将自我教育与社会教育结合起来，互为动力，相互促进，最终实现思想政治教育的目标。

3.解决思想问题与解决实际问题相结合

社会存在决定社会意识，社会意识对社会存在具有能动的反作用。一方面，思想政治教育是做人的思想工作，解决人的思想问题，以先进理论武装人们的头脑，通过弘扬先进思想，帮助人们用正确的思想意识指导自己的行动，满足自己的发展需求。另一方面，思想政治教育要想解决人的思想问题，必须以物质生活条件为基础。从思想发展的历史来看，不同的社会物质生活条件产生相应的社会历史时期，特定的历史时期又要求特定的思想观念，社会存在和社会物质生活条件的改变才是人的思想发展的根本原因。只有不断发现和解决自身在社会实践过程中出现的新情况、新问题，才能进一步完善和发展思想理论，满足精神发展需求。

因此，思想政治教育要求把解决思想问题和解决实际问题相结合，从实际出发，通过发挥理论对实践的指导作用来帮助大学生解决学习、生活中的实际问题和困难。这样的思想政治教育才会受到大学生的欢迎，才是真正"以人为本"的思想政治教育。

4.政治理论教育与社会实践相结合

思想政治教育的最终目的不是提高思想理论水平，而是教会人用强大的理论武器来改造世界，最终实现自我的全面发展。理论教育与实践教育是相辅相成、相互统一的。理论指导实践，实践反过来又促进理论的发展。

理论教育是指通过开设思想政治教育理论课，对受教育者进行全面、系统的思想政治教育，引导受教育者形成正确的世界观、人生观和价值观。理论教育具有系统性，能提高学生的认识水平和思想境界，为学生参加社会实践活动提供正确的方向指导。教育者在理论教育过程中，既要对思想政治教育的理论进行系统的阐释、讲解，使学生知其然；又要分析、解释理论的实践源头，让学生知其所以然。

二、全面发展的理念

现代教育以"促进人的全面发展"为宗旨，因此更关注人的发展的完整性和全面性。这主要反映在两个层面：宏观上，它是面向全体公民的国民性教育，注重国民整体的全面发展，以大力提高和发展国民的思想道德素质和科学文化素质、提高国民的知识创新和技术创新能力、增强包括民族凝聚力在内的综合国力为根本目标；微观上，它以促进每一个学生在德智体美劳方面的全面发展与完善，造就全面发展的人才为根本任务，要求人们在教育观念上实现由精英教育向大众教育、由专业性教育向通识性教育的转变，在教育方法上采取德智体美劳多育并举、整体育人的教育方略。

（一）新时代人的全面发展的新内涵

党的十八大以来，我们国家围绕培养什么人、怎样培养人、为谁培养人这一根本问题，全面加强党对教育工作的领导，坚持立德树人，加强学校思想政治工作，推进教育改革，加快补齐教育短板，教育事业呈现出的中国特色更加鲜明，教育方面人民群众获得感明显增强。培养什么人，是教育的首要问题。能否培养出中国特色社会主义事业的合格建设者和可靠接班人，是检验我国教育是否合格的根本标准。党的十九大报告中强调的"要以培养担当民族复兴大任的时代新人为着眼点"，则深刻回答了"培养什么人、怎样培养人"这一本质问题。

习近平总书记在2018年9月召开的全国教育大会上强调，新时代的教育必须在坚定理想信念、厚植爱国主义情怀、加强品德修养、增长知识见识、培养奋斗精神、增强综合素质六个方面下功夫。[①]这为新时代人的全面发展的基本标准指明了方向。

---

① 《习近平出席全国教育大会并发表重要讲话》，载于《湖北日报》2018年9月11日第6版。

（二）新时代思想政治教育中人的全面发展存在的问题

1.社会主要矛盾的变化与人的全面发展目标的矛盾

社会主要矛盾的变化也在影响着高校思想政治教育的变化和发展，决定了高校思想政治教育改革的方向。社会主要矛盾的变化体现在高校思想政治教育中，就是要满足高校大学生对美好生活的需要，同时也决定了高校思想政治教育工作领域其他矛盾的变化。

现阶段，高校思想政治教育中大学生的全面发展问题是社会主要矛盾的具体体现。新时代社会主要矛盾变化，决定了高校思想政治教育需要根据社会矛盾的变化调整发展的方向，这是高校思想政治教育工作当前面对的紧迫问题。

社会主要矛盾的变化要求人的全面发展应充分展示人的丰富性，尤其是高校大学生个人价值的实现，然而，当前大学生思想政治教育面临的主要矛盾是思想政治教育促进人的全面发展的总目标——培养担当民族复兴大任的时代新人，与学生思想政治道德发展不平衡、不充分之间的矛盾。

2.大学生对理想信念的认知偏差导致人的全面发展精神动力缺失

2016年12月，习近平总书记在全国高校思想政治工作会议上强调："要教育引导学生正确认识世界和中国发展大势，从我们党探索中国特色社会主义历史发展和伟大实践中，认识和把握人类社会发展的历史必然性，认识和把握中国特色社会主义的历史必然性，不断树立为共产主义远大理想和中国特色社会主义共同理想而奋斗的信念和信心。"[1]新时代大学生承担着实现中华民族伟大复兴的历史使命，而理想信念的确立又是高校思想政治教育的核心内容，是

---

[1] 《习近平在全国高校思想政治工作会议上强调:把思想政治工作贯穿教育教学全过程开创我国高等教育事业发展新局面》，载于《人民日报》2016年12月9日第1版。

促进大学生全面发展的一个核心支撑。

新时代大学生的理想信念大部分来说都是正向的，他们将实现中华民族的伟大复兴作为自己的历史使命，热衷于为社会主义现代化建设贡献自己的一份力量。但还是会有部分大学生由于受到西方错误思想和理念的冲击，出现理想信念模糊化、功利化的倾向，给自身的健康全面发展带来危害。

3.出现"唯分数、唯升学、唯文凭、唯论文、唯帽子"的异化现象

新时代，党和国家对高校促进人的全面发展提出了更高的要求。要将立德树人作为高校思想政治教育的根本任务，培养担当民族复兴大任的时代新人，真正做到促进人的全面发展。

要想真正实现促进人的全面发展的根本目标，需要有科学的教育评价体系来衡量是否达到了应有的效果。文凭、分数、论文等评价指标确实是教育评价的一个方法，但是如果我们只单纯地强调一个方面，将其他应有的因素忽视掉，就会出现"唯分数、唯升学、唯文凭、唯论文、唯帽子"的异化教育评价现象，违背人的全面发展的诉求。

（三）新时代思想政治教育促进人的全面发展的策略

新时代人的全面发展问题事关培养担当民族复兴大任的时代新人的问题，事关中华民族伟大复兴中国梦的实现。因此，高校思想政治教育要想促进大学生的全面发展，必须不忘教育初心、增强大学生的理想信念；增强大学生的思想认同，提高其理论水平；完善教育理念，树立一体化育人格局；深化教育体制改革，创立多元教育评价体系。要从不同的维度、不同的层面促进高校大学生的全面发展。

1.不忘教育初心，增强理想信念，促进人的全面发展

目前，高校大学生处于一个全新的时代，要想成为全面发展的人才，担当起民族复兴大任，就必须以社会主义核心价值观引领自己的理想信念。高校大学生必须将个人的理想与国家和社会的理想结合起来，同心共筑中国梦。

新时代高校思想政治教育要想促进大学生的全面发展，不仅要进行理想信念的引导，更要进行社会主义核心价值观的培育。只有使高校大学生发自内心地认同社会主义核心价值观，才能使他们的价值观朝着正确的方向发展，才能更加坚定理想信念。

以社会主义核心价值观去引领理想信念是必要的。高校思想政治教育对大学生进行社会主义核心价值观的教育和熏陶，有利于高校大学生形成正确的价值观念。习近平总书记强调，用社会主义核心价值观教育学生，引导他们扣好人生的第一粒扣子，是高校思想政治工作的使命所在。所以，高校要将社会主义核心价值观教育融入思想政治教育工作的始终，推动大学生的全面发展。高校大学生是社会主义现代化建设的必要支撑，为了中华民族伟大复兴的实现，必须时时刻刻以社会主义核心价值观为准则，成为社会主义核心价值体系的保卫者和践行者，担当起民族复兴大任。

2.强化中国梦，提高理论水平，促进人的全面发展

习近平总书记提出的中国梦、"两个一百年"奋斗目标，极大地鼓舞了全国人民的士气，激发了广大青年的爱国情感。因此，高校思想政治教育在实践过程中，要将中国梦、"两个一百年"奋斗目标贯穿于大学生思想政治教育的始终，引导大学生将个人价值的实现与国家的理想相结合，不断促进自身全面发展，为中国梦的实现增砖添瓦。

中国梦是中华民族伟大复兴的形象表达。中国梦内涵丰富、视野宽广、意蕴深远。习近平总书记指出："中国梦的本质是国家富强、民族振兴、人民幸福。"①中国梦关乎中国未来的发展和前进方向，是每个中国人的梦想。中国梦是人民的梦，因此中国梦必须依靠每一位中国人来完成。新时代大学生是高素质的人才，是实现中国梦的中坚力量。实践决定认识，认识具有能动的反作用，能指导实践。我国长期以来的改革开放和社会主义现代化建设决定了必须要用科学的理论去武装人们的头脑。高校思想政治教育只有让大学生明白中国梦的具体内涵和意义，才能让大学生产生认同感，内化为自身的理想信念。

一方面，高校思想政治教育要不断更新马克思主义与中国国情和实践的课程，通过各个高校联合宣讲等方式去开展马克思主义理论教育，使高校大学生明确"两个一百年"奋斗目标。另一方面，要强化中国梦教育，通过举办论坛、开展讲座等活动，使高校大学生理解中国梦的真正内涵，明确自己在社会主义现代化建设中的重要作用，激发起主人翁精神，不断促进全面发展，为实现中国梦贡献自己的一份力量，担当起民族复兴大任。

3.完善教育理念，构建一体化育人理念

思想观念是行动上的先导。新时代高校思想政治教育适应新时代人的全面发展的需要，必须要完善教育理念。新时代高校思想政治教育首先要摒弃以往片面的、陈旧的、错误的教育理念，树立符合培养促进人的全面发展要求的全新教育理念。高校思想政治教育要用全员育人的理念明确高校思想政治教育主体，凝聚强大的教育合力；用全过程育人理念细化高校思想政治教育各项措施，规定全面发展的育人标准；用全方位育人理念优化高校思想政治教育格局，构建一体化育人理念。

---

① 习近平：《习近平谈治国理政》第一卷，外文出版社，2018。

第一，要树立全员育人的教育理念。树立全员育人的教育理念，有利于解决当前高校思想政治教育中部分主体缺位的根本问题，有利于使其回归本位，形成育人合力，担负起培养担当民族复兴大任的时代新人的责任与使命，促进大学生的全面发展。

各大高校要明确广大教育工作者在高校思想政治教育中的主体地位。一要引导高校思政课教师充分认识到思想政治理论课的重要地位，发挥他们的重要作用，实现对学生答疑解惑和价值引领的重要功能；二要对高校辅导员进行思想政治教育、心理健康教育、创业就业教育等方面的指导和培训，使其在帮助学生解决心理和生活的实际问题的同时，成为大学生的知心朋友，关注学生心理健康状态，把握学生思想动态，以班级、年级、学院为单位，组织积极向上的校园文化活动；三要贯彻落实"课程思政"的全新教学理念，引导专业课教师扛起"立德树人"这面大旗，围绕促进高校大学生的全面发展开展教育教学工作，充分挖掘专业课程中可以对大学生进行思想政治教育的丰富资源，将思想政治教育的理念贯穿于教学工作中；四要加快转变学校团委、学生处等职能部门的育人理念，统筹安排"大思政"格局下的各要素，通过宣讲团、校园文化展示周、学生榜样讲座、先进事迹报告会等丰富多彩的活动加强思想政治教育。

第二，要树立全过程育人的教育理念。从大学生入学之日起，高校要将立德树人的根本任务贯穿于大学生学习实践、日常生活、升学就业的始终。首先，要在全过程育人理念的贯彻落实中明确工作标准，确保在各个教育过程配合之中产生"1+1＞2"的效果，如果产生"1+1＝2"甚至"1+1＜2"的效果，就应该充分了解各个教育过程的实际开展与融合情况，具体问题具体分析。其次，要制定量化、细化的思想政治工作指标任务与考核标准，如在校园文化建设工作中，部分高校思想政治教育工作者思想不够积极、进步，面对工作时常有消极畏难情绪，推诿任务、推卸责任，针对此类问题，高校党委要制定一套切实可行的考核方案，加强工作纪律监管，同时定期开展培训、研讨，让高校思想政治教育工作者从内心深处树立责任感、使命感，共同为大学生的全面发展矢志奋斗。

第三，要树立全方位育人的教育理念。课程育人和科研育人的主体是广大高校教师。习近平总书记在南开大学视察时指出："专家型教师队伍是大学的核心竞争力。要把建设政治素质过硬、业务能力精湛、育人水平高超的高素质教师队伍作为大学建设的基础性工作，始终抓紧抓好。"高校大学生的全面发展要依靠广大高校教师的精诚奉献和谆谆教导，因此高校教师应努力提高自身的道德素质和教学水平，不断锐意进取，开拓创新。

组织育人、管理育人、实践育人的主体是高校各级党委、团委及班级组织。各级组织要开展丰富可行的实践活动，在实践活动的过程中把握大学生的思想动态，提升高校大学生的科学素养和理论修养，锤炼大学生的工作实践能力，同时要克服实践活动中"重能力、轻德育"的错误观点，力求组织积极向上、参与度高、深入人心的实践活动，提高实践活动的科学性与实效性。

文化育人和网络育人的主体是高校宣传部门和网络信息管理部门。各部门要充分挖掘校园文化资源，借助新媒体平台的教育载体，以先进文化打造网络育人的新阵地。

心理育人的主体是高校心理健康教育中心的咨询教师。要创新和完善发展理念，培养一支专业性强、深入度高，能满足学生心理咨询需要的教师队伍，确保高校大学生健康成长。

服务育人的主体是高校各工勤部门。以往的思想政治教育工作系统往往忽略了服务育人的意义。高校应该创新服务理念，重视服务育人对大学生的实践价值，以大学生需求为本，尽可能为大学生提供餐饮、交通、住宿、学习等全方位的保障，增强大学生对母校和国家的情感认同，引发大学生爱国爱校的强烈共鸣。

三、和谐发展的理念

大学生思想政治教育和谐发展既指自身的和谐发展又指外部的和谐发展。自身的和谐发展是指教育主体与教育客体的和谐，教育内容、教育方法与教育客体的和谐，以及教育环境与教育客体的和谐等；而外部的和谐则是指思想政治教育作为社会整体和谐的一部分，要与社会的其他部分保持和谐一致，如与社会经济建设、政治建设、文化建设保持协调。

思想政治教育自身的和谐发展是思想政治教育与社会整体和谐发展的前提，因为只有自身问题得到合理有效的解决，才能实现与外部的和谐相处，如果连自身问题都解决不好，那么与外部的协调根本无从谈起。本节中，大学生思想政治教育和谐发展的理念更侧重于思想政治教育自身的和谐。

（一）和谐发展的实质

所谓和谐，根据《现代汉语词典》（第7版）的解释，指配合得当。中国很早就有事物和谐的概念，如春秋时期的晏子就曾提出"和与同"的命题。和谐不仅是整齐一律和平衡对称，更重要的是于差异中见协调，在整体上给人以匀称一致、和顺适宜的感觉。和谐是在差异基础上的和谐。早在古希腊时期，毕达哥拉斯学派就认为和谐必须是差异物之间的和谐，没有差异就无所谓和谐。该学派的学者认为，"和谐是众多（元素）的统一，是在不一致（元素）间的一致。""如果事物是彼此相关一致的就不需要和谐，只有当事物是彼此相异的、不相关的，又是不相等地排列着的时候，才必须有这样一种和谐将它们紧紧地束缚在一起。"同时，他们又认为，差异的元素只有通过和谐才能构成事物自身，才能存在和发展。"显然，除非将和谐加进去，不然就不能将这些元素组成宇宙。"差异是事物存在的基本形式，没有差异，事物是不可能发展的，正如没有落差水流就不会向下运动一样。一定程度的差异是社会发展的动力，没有差异就没有活力，也就没有发展。

大学生思想政治教育要真正实现和谐发展，就必须尊重学生的差异。学生的差异可以指个体内的差异，也可以指个体间的差异。个体内的差异是指个体素质结构上的差异，如一个人所具有的各种能力、兴趣等的不平衡；而个体间的差异是指人与人之间的差异，如甲生较乙生勤奋，但不如乙生聪明等。这些不平衡性产生的原因是多方面的，而学生群体及个体间的文化差异、思维差异和价值差异则起着决定性作用。高校在思想政治教育过程中必须重视这三重差异，要立足于学生的差异，把学生的差异看作一种教学资源，进行积极的开发和利用，而不是将差异看成一种负担或包袱。要在充分了解学生的基础上制定与学生思想实际相符合的教育目标；根据时代的变化，及时增加反映新时代、体现新时期特点的内容，实现教育内容的多样化；采取说理与情感综合运用、师生互动的教学方法，提高学生学习的积极性和课堂活力；运用体现时代特点、先进的教育载体，提高教育的时效性；积极营造一个健康、良好、和谐的校园环境。

（二）和谐发展的基本原则

1.目的性原则

所谓目的性原则，就是必须在思想政治教育的全过程中，始终坚持思想政治教育的目的。这要求在每一个具体的思想政治教育过程中，有明确的教育目的，同时要将教育目的贯穿在一切教育活动里，贯穿在一切教育过程的始终。在一个具体的思想政治教育过程中，不允许有脱离教育目的的教育活动。目的性原则是思想政治教育的一个基本原则，它是思想政治教育本质和规律的反映。

坚持思想政治教育的目的性原则，就是要把目的性贯穿在教育的每个环节当中。在进行各种活动时，要紧紧围绕思想政治教育的总目标，明确每个具体活动环节的具体目标，不能脱离思想政治教育的总目标。无论是思想政治理论课，还是党、团活动，日常思想政治工作，以及专业教学工作、各项管理工作、各种文娱体育活动等，都要成为实现总目标的具体手段和措施。

坚持大学生思想政治教育的目的性原则，还要注意充分发挥学生的积极性和自觉性，使学生明确教育的目的性，启发学生自觉地按照教育目的的要求活动，努力把自己培养成为社会主义现代化建设需要的新人。同时，思想政治教育工作者也应该紧紧围绕思想政治教育的总目标，为不同个性的学生提供一个平台，使学生能够充分发挥才能和实现自由全面的发展。

2.整体性原则

马克思主义的整体性为当今思想政治教育的和谐发展指明了方向。不仅在思想政治理论研究、传播和教育实践中要注意整体性，而且在教育过程中要对每个不同个体有整体的把握。思想政治教育的整体性原则既包含了教育目标和教育内容的整体性，也包含对受教育者不同心理层次和不同思想观点的整体性教育，因此思想政治教育目标的确定和实施不能只顾及某一方面或只重视某一方面，而应从整体上进行把握。认识思想政治教育的整体性原则，有利于教育者从人格的整体性和思想政治教育目标和内容的整体性出发，去设计思想政治教育的目标和内容，充分发挥各要素相互配合所产生的教育合力，达到思想政治教育的目的。这样，可以避免思想政治教育目标和内容上的片面性和简单化。

3.针对性原则

思想政治教育的针对性原则，是指思想政治教育工作者在进行教育的过程中，要根据学生个体不同的思想状况与实际需求，采取相适应的教学内容和教育方法。世上没有两片完全相同的树叶，所以也不可能有个性完全相同的两个学生。要想实现思想政治教育的和谐发展，教育者就要做到一把钥匙开一把锁，根据不同学生个体的实际情况，有的放矢。

坚持思想政治教育的针对性原则，首先要充分了解教育对象，认识到他们思想认识上存在的问题，"对症下药"。思想政治教育工作者必须深入学生，充分了解学生的思想动态，弄清楚他们的困惑和烦恼，从而准确地把握其思想，做到心中有数，进行有针对性的教育。

其次，教育者要摸清教育对象的个性特点，因材施教。每一个学生的性格、脾气和思维方式，都有其自身的特点。在对个体进行教育时，必须考虑教育对象的文化知识状况、个人经历、家庭环境、个性特点等。例如，教育对象的性格不同，有的豪爽，有的细腻，有的活泼热情，有的孤僻冷淡。因此，教育者必须在真正了解受教育者的这些特点以后，采取适当的教育方式。两千多年前伟大的教育家孔子对其性格不同的两个弟子的不同教育方式，给我们做出了很好的榜样。孔子从子路勇武过人但有些鲁莽、冉求比较胆小怯懦的性格特点出发，曾经对他们提出的"听到了这个话是不是该马上去做"的问题，作了截然不同的回答。这就是根据教育对象性格上的差异进行针对性教育的一个著名范例。

最后，坚持思想政治教育的针对性，也要注意对任何一种思想，都要分析它的影响范围、程度，看其是共性问题还是个性问题，是长期存在的问题还是暂时存在的问题，是在逐步发展的问题还是逐步消失的问题。对于普遍的、带有倾向性的问题，必须重视，应采取较大规模和较大力度的教育方法；对于个别的、偶然的思想问题，则只需要选择个别的方法，无须大动干戈。

4.多样性原则

大学生思想政治教育的多样性是指不同学生个体具有不同的个性特征、文化背景、价值取向、思维观念以及行为表现，并基于这种思想政治教育对象的差异性而相应采取特定的教育目标、丰富的教育内容和灵活的教育方式的一种教育过程，即实现思想政治教育目标多样化、内容多样化和方式多样化。

首先是思想政治教育目标的多样化。目标的多样化，并不是说脱离思想政治教育的总目标来搞独立化，而是在承认以实现学生自由全面发展这个基本目标的前提下，根据学生的思想状况、实际需求及发展潜力，制订出一套适合其发展的总方案，并沿着这一方案对其进行教育，但在具体的教育过程中，可以根据实际需要进行变动，以实现学生全面发展的目的。例如，有的学生喜欢搞科研，教育者可以鼓励这些学生沿着科研这条路努力，学校也可以为他们创造一个良好的科研环境；有的学生不喜欢动脑筋，在体力活动方面特感兴趣，教育者可以鼓励他们当一名优秀的运动员等。实行思想政治教育目标的多样化，可以让不同个体各显其能，从而实现思想政治教育的和谐发展。

其次是思想政治教育内容的多样化。思想政治教育内容的多样化是指将教育内容的一元主导与多元化相结合，即把马克思列宁主义、毛泽东思想和中国特色社会主义理论体系作为思想政治教育的主导思想，同时要开展基本国情和形势政策教育、社会热点问题教育、心理健康教育、生态观教育、人文关怀教育、感恩教育和幸福感教育等。内容的多样化是实现教育和谐发展的前提条件。

最后是思想政治教育方式的多样化。所谓思想政治教育方式的多样化，就是指不仅要运用课堂正面灌输的基本方式开展教育，还要注重拓展教育的时间、空间和渠道，寓教于学，寓教于乐，寓教于管，使大家在耳濡目染、潜移默化中接受教育。提倡思想政治教育方式的多样化要求教育工作者借鉴他国丰富的教育经验，如实行渗透式教育，即把思想政治教育融入学生日常生活和实践活动中，做到寓教于乐，这样不仅学起来轻松，而且可以收到意想不到的效果。实现思想政治教育的多样化还要求教育工作者具备敏锐的眼光，针对学生的个性差异，采取灵活的教育方式。总之，要"因地制宜，因人制宜，因事制宜，因时制宜"，运用群众喜闻乐见、易于接受的方式，增强教育的说服力、感染力和吸引力。

（三）和谐发展的实现途径

1.文化开放氛围中实现思想政治教育和谐发展

文化差异给大学生思想政治教育既带来机遇又带来挑战，高校在教育过程中应该充分抓住机遇，积极迎接挑战。一方面，高校要经常组织学生开展座谈会和相关活动，促进不同地域的学生更好地了解不同的文化，以便在学习、生活中相互理解和尊重。同时，高校要认真对待文化差异所带来的挑战，要理解这种差异的存在，在制定思想政治教育总体目标时不能仅局限在教育理论上，而应该根据学生的具体情况，将总体目标与实际情况结合起来，分层次、分对象制定教育目标。只有从文化的差异性入手，才能更深刻地分析影响大学生学习与生活的文化结构，从心理到行为引导大学生，更好地因材施教；才能使高校思想政治教育更紧密地贴近大学生的日常生活，更好地实现大学生思想政治教育的和谐发展。另一方面，由于不同的文化是伴随不同民族的生存方式而存在的，因此中国多民族的社会形态形成了多样化的民族文化。这就要求大学生思想政治教育在坚持一元主导与多元文化相结合的基础上，进行民主与开放式教育、实践体验教育，使大学生能更好地了解不同文化的特性，相互理解、相互尊重。

2.思维发散情境中实现思想政治教育和谐发展

由于不同的大学生个体具有不同的思维方式，因此高校的思想政治教育工作者在工作过程中要尊重学生的思维差异。一方面，在课堂上要鼓励学生积极发言，让每个学生都有锻炼的机会，要认真负责地对不同学生的观点进行评价，对正确的观点给予积极的肯定，对创新的观点给予鼓励和支持，对错误的观点给予耐心的引导，尽量为不同的大学生提供充分展示其才华的舞台，实现多样化的个性发展和思维创新。同时，在大学生充分展示其思维差异的过程中，还要对不同个体的不同观点进行协调，防止因观点对立而导致课堂不能有效进行。另一方面，要努力创造大学生思维发散的情境，如提倡学生教老师学的互换教学机制、定期举行专业讨论会、创设适应学生个性的社团活动、建立健全弱势群体保障机制等，为实现思想政治教育的和谐发展创造良好的氛围。

3.价值多元背景中实现思想政治教育和谐发展

为了让大学生养成正确的价值观，一方面，思想政治教育工作者应该在充分尊重不同群体价值取向的基础上对其进行正确的引导，从理论层面上引导大学生具有正确的世界观、人生观和价值观。同时，教育工作者也应该提高自身的综合能力，坚持终身学习，不断丰富自身的知识结构，以适应当代大学生思想政治教育工作。另一方面，价值取向的不同是由文化的差异引起的，因此思想政治教育工作者还应该深入实践层面对大学生进行价值取向引导，如开展社会实践活动、为大学生解决实际困难等，真正实现大学生思想政治教育的和谐发展。①

---

① 赵世浩：《大学生阶段性成长研究与实践》，世界图书出版西安有限公司，2018。

第五章　大学生思想政治
教育内容创新

思想政治教育内容是高校思想政治教育体系的一个基本要素。对思想政治教育内容的科学构建是提高高校思想政治教育有效性的基本条件。要想使大学生符合高校思想政治教育培养要求，坚定政治信念，端正思想观点，就要对思想政治教育内容进行构建。因此，构建高校思想政治教育内容体系要坚持方向性、科学性、系统性和时代性原则。

一、理想与信念教育

大学生理想信念教育内容是一个系统，要想提高大学生理想信念教育工作的水平，使大学生树立并坚定科学正确的理想信念，就要开展多方面、全方位的教育。

（一）创新大学生理想信念教育理念、内容和方式方法

1.创新大学生理想信念教育理念

第一，要贯彻"围绕学生、关照学生、服务学生"的思想政治工作理念。大学生理想信念教育工作本质是做学生的工作，解决学生的思想问题及其在生活中遇到的一些其他困难。这就要求教育者在日常教学活动中贯彻"围绕学生、

关照学生、服务学生"的理念，坚持做到一切为了学生的发展，真正深入学生了解学生之所需，努力去满足学生的真实需要。一要树立做学生"知心朋友"的意识。部分理想信念教育者要抛弃以权威自居的心态，不仅要在课堂上，更要在日常生活中多去接触学生和接近学生，给学生易接近感，拉近与学生的距离，做学生的"知心朋友"，让师生之间有更多的温度，这样学生才会愿谈心，爱谈心，理想信念教育才会发挥实效。二要深刻认识大学生的心理特点，努力满足学生的真实需要。理想信念教育者要走出自己的主观判断，多通过学习、谈话和交流等去切实认识大学生这个特定群体的心理特点和认知规律。同时，在开展理想信念教育活动时要重视学生的真实感受，在教学设计和教育活动中要想学生之所想，急学生之所急，解学生之所惑，这样的理想信念教育才会让学生有获得感，才会取得更好的效果。

第二，要遵循"因事而化、因时而进、因势而新"的思想政治工作理念。2016年12月，习近平总书记在全国高校思想政治工作会议上强调："做好高校思想政治工作，要因事而化、因时而进、因势而新。"[①]习近平总书记讲"三因"，实则是告诫我们，高校思想政治工作要打破因循守旧的思维模式，增强主动性和创新性，突出时代特点。一要增强主动性。基于新时代的发展需要，高校理想信念教育必须主动作为。在工作中，理想信念教育者要树立前瞻性思维，增强事先控制的意识和能力，将问题尽量消灭在萌芽状态。二要增强创新性。面对新时代的新问题和新情况，理想信念教育者必须顺势而为，认真思考，充分理解和把握"三因"理念，通过沿用好办法，改进老办法，探索新办法来不断提高大学生理想信念教育的能力和水平。

_____

① 《习近平在全国高校思想政治工作会议上强调：把思想政治工作贯穿教育教学全过程开创我国高等教育事业发展新局面》，载于《人民日报》2016年12月9日第1版。

2.创新大学生理想信念教育内容

新时代大学生理想信念教育内容主要包括以下几个方面:

（1）马克思主义理论教育

马克思主义是我们坚定共产主义理想信念的方向指引、理论基础和思想根基,坚定大学生理想信念就必须创新和加强马克思主义理论教育,增强大学生对马克思主义基础理论的认知和认同,这也是高校落实立德树人根本任务的关键所在。

第一,开展马克思主义基础理论的教育。马克思主义主要由三个部分组成,这三个部分既相互独立,可作为独立学科,自成体系,又相互联系、密不可分,有着严密的内在逻辑体系。第一个组成部分是马克思主义哲学,它是马克思主义全部学说的理论基础,重在使学生了解和掌握马克思主义哲学的基本立场、观点和方法,养成用马克思主义的立场、观点和方法分析问题、思考问题和解决问题的能力。第二个组成部分是马克思主义政治经济学,它是研究人类社会生产关系及其运动和发展规律的学科,重在使学生了解资本主义生产关系的内在规律及其剥削的本质,掌握无产阶级与资产阶级这两个阶级之间对立和斗争的经济根源,以及资本主义最终必然会走向灭亡和社会主义必然会取得最终胜利的内在客观规律。第三个组成部分是科学社会主义学说,它是关于无产阶级解放和专政,建设社会主义和实现共产主义的学说,重在使学生了解和掌握无产阶级进行斗争和解放的性质、条件及一般目的等,并在学习的过程中逐渐树立共产主义的意识和信念。

第二,开展马克思主义理论价值的教育。马克思主义是有史以来最具真理性、先进性、科学性和严谨性的理论学说。开展马克思主义理论价值教育,不仅要让学生理解马克思主义是中国共产党人理想信念的灵魂,更要让他们深刻认识其是我们党和国家的根本指导思想，它以其永恒的真理性、价值性以及与时俱进的鲜明理论品格始终保持着强大的生命力，仍然是世界上最具影响力的科学理论体系和话语体系，而中国特色社会主义的生动实践便是对其价值性的最好证明。

第三，开展"马克思主义为什么是对的"的教育。当前，在一些不良思潮的影响下，"马克思主义实践有害论""马克思主义过时论"和"马克思主义暴力革命论"等关于马克思主义的错误说法甚嚣尘上。面对这些问题，我们不能回避，要勇于面对，敢于反驳，要将马克思主义理论体系有效转化为知识体系，用学生听得懂的话语将深刻的理论知识阐释出来，让学生深刻领悟马克思主义的真理性和科学性，从而在思想上和行动上自觉抵制各种错误说法。

（2）中国特色社会主义共同理想教育

党的十二届六中全会正式提出了"共同理想"这一概念，中国特色社会主义共同理想是一个发展的概念，其内涵随着中国特色社会主义实践的不断发展而丰富。

第一，开展中国特色社会主义共同理想内涵及其重要性的教育。要使大学生树立并坚定科学、正确的理想信念就必须开展共同理想教育。要让大学生系统、清晰地学习和认识中国特色社会主义共同理想不断发展的历史进程、基本内容和基本特征以及其与共产主义理想的内在逻辑联系等，这样大学生才能深刻体会到中国特色社会主义共同理想是中国社会发展进步的客观需要，是中华民族不断前进的精神旗帜。

第二，开展为中国特色社会主义共同理想奋斗的教育。中国特色社会主义共同理想是共产主义理想在现阶段的生动体现，是全体中华儿女的共同愿望和心声，具有科学的理论支撑和生动的实践的一再证明。开展为共同理想而奋斗的教育就是要让大学生在情感上有所认同和归属，能够正确理解个人与国家之间的辩证关系，认识到中国特色社会主义共同理想的价值所在，并在内心深处播下种子，激发热情，为共同理想的实现而奋斗。

（3）习近平新时代中国特色社会主义思想教育

第一，开展基本内容的教育。习近平新时代中国特色社会主义思想内容丰富、体系完善，是指引中国发展进步的指导思想。它深刻阐明了当代中国所处的历史阶段、社会主要矛盾等，系统回答了新时代坚持和发展中国特色社会主义的一系列重大问题。因此，要进一步加强大学生对新思想的认知，使其深刻学习和领悟其中的精髓，增强理论水平，为坚定理想信念奠定思想根基。

第二，开展历史知识的教育。习近平新时代中国特色社会主义思想是在继承的基础上，根据当代中国的具体实际发展形成的马克思主义中国化的最新理论成果，是实现中华民族伟大复兴中国梦的根本指导思想。要开展具体的教育，使大学生增强对新思想价值的认知，从而坚定政治信仰，增强为党、国家和民族的事业奋斗的意识。

（4）社会主义核心价值观教育

第一，开展基本内涵的教育。社会主义核心价值观从国家、社会和公民三个层面深刻、具体而生动地阐释了当代中国社会的根本性质、基本特征以及价值追求。"富强、民主、文明、和谐"是当代中国进行社会主义现代化建设的任务与目标，是全体中华儿女意愿的反映；"自由、平等、公正、法治"是对建设美好社会的生动表述与追求；"爱国、敬业、诚信、友善"是对公民的基本道德规范和要求。开展基本内涵的教育就是要让大学生深刻理解和认同"什么是社会主义核心价值观"，从而为践行社会主义核心价值观奠定一定的思想基础。①

第二，开展价值性及践行路径的教育。社会主义核心价值观看似只有简简单单的24个字，却有着丰富的内涵和重要的价值，它是对当代中国和中国人民价值追求的精辟凝练，是我们中华民族精神独立性的深刻体现和重要支撑。通过具体教育活动的开展，大学生要充分认识其价值性，学会如何将抽象的概念应用于日常生活、学习和工作中，做到自觉践行，增强价值观自信。

3.创新大学生理想信念教育方式方法

时代在发展变化中飞速前进，任何故步自封和因循守旧的方式方法都会被时代否定，新时代提高大学生理想信念教育的质量需要以现实为基础和需要，不断创新和拓展教育方式方法。

（1）依据大数据技术及时、动态地掌握大学生的理想信念现状

大数据技术已经广泛应用在当今社会的各个领域，对于提高整个社会的生产效率有着重要的意义，大学生理想信念教育自然也要抓住时代发展的机遇，紧跟现实要求和时代步伐。要通过大数据技术为大学生理想信念教育赋能，精准检测和掌握互联网以及社会其他维度的不良舆情，及时、动态地掌握大学生理想信念的现实状况，建立网上大学生理想信念教育信息资源库，并不断对其进行丰富，尝试通过算法精准开展个性化理想信念教育，使大学生理想信念教育更具实效性。需要注意的是，大数据技术的使用在一定程度上会触及大学生的隐私等相关敏感问题，因此在使用的过程中应该严格遵守相关伦理原则，完善相关管理制度，尊重每一位大学生的隐私，妥善解决这一问题。

（2）加强新媒体的运用，运用全媒体开展大学生理想信念教育

新媒体的应用已经在当下社会变得越来越普及，大学生因其年龄特点、学

---

① 新华通讯社课题组：《习近平新闻舆论思想要论》，新华出版社，2017。

历背景和对新鲜事物的接受程度等成了新媒体的受众之一。一方面，要加强新媒体在大学生理想信念教育中的应用，尤其要探索和创新新媒体在大学生理想信念教育课堂中应用的广度和深度，使理想信念教育课堂更加信息化，更受大学生的欢迎；另一方面，当下新媒体平台已经呈现出多样化的形态，如大学生经常使用的微信、微博、抖音、快手等已经成为大学生娱乐和获取信息的主要渠道，大学生理想信念教育要想取得实效就必须不断拓展阵地，使理想信念教育信息和资源走进这些新媒体平台，使大学生理想信念教育更加常态化。

（二）优化大学校园理想信念教育环境和氛围

1.以良好的物质文化影响大学生

物质文化是指人类创造出的具有一定技术和艺术元素以及带有特定价值导向的物质产品。物质文化建设是大学校园环境建设中最为基本的一部分，是其他文化建设的重要依托，其主要是一系列校园基本硬件设施的建造、装配与展示，包括校园相关环境的设计，学生宿舍、教室、图书馆等室内环境氛围的营造等。校园特定物质文化的建设是帮助大学生树立科学、正确的理想信念的有效途径之一，对大学生理想信念的树立和坚定具有积极的意义，因此在优化大学校园理想信念教育环境方面要注重用良好的物质文化来教育和影响大学生，使其树立科学、正确的理想信念。

一方面，在大学校园物质文化的建设过程中要注重营造理想信念教育的物质文化氛围，突出理想信念相关教育。例如，可以将红色故事、社会主义核心价值观、"中国梦"等主流价值观念通过恰当、自然的方式展示出来；也可以通过特定历史人物的雕塑弘扬他们身上的先进事迹，影响和激励大学生向他们学习，通过隐性引导的方式帮助大学生树立科学、正确的理想信念；还可以通过校园特有的自然景观和人文景观来让大学生亲身感悟家国之美，培养他们的家国情怀。另一方面，要加强室内环境氛围的营造。例如，可通过开展宿舍文化节和宿舍卫生评比活动来引导大学生营造和谐、团结、积极向上的宿舍环境氛围，培育理性平和、乐观向上的心态，同时也需要加强教室、图书馆、体育馆等室内环境理想信念教育氛围的营造，潜移默化地引导大学生树立科学、正确的理想信念。

2.以高尚的精神文化鼓舞大学生

精神文化是人们在日常生产生活的过程中，通过总结生产生活经验形成的带有一定价值取向的思想观念或者意识形态。精神文化建设是大学校园环境建设的重中之重，因为精神文化对于指导和规范大学生的行为，鼓舞大学生形成科学、正确的理想信念具有十分重要的作用。面对文化多样化和意识形态多元化的国际环境，以及利益关系多样化和价值取向多元化的国内环境，大学校园精神文化建设需要从以下四点做起：

第一，要秉持正确的文化态度，践行文化自信。文化是一个国家、一个民族的灵魂，是人民的精神家园。当今时代，文化在综合国力竞争中的地位日益重要，谁占据了文化发展的制高点，谁就能够更好地在激烈的国际竞争中掌握主动权。[1]面对世界文化的多样化及其带来的挑战，我们要教育和引导广大学生从以下两方面做起：一方面，要秉持正确的文化态度。当今世界，全球化使各个国家、各个民族之间已经实现了高度连接，各种文化相互交织、交融。作为具有五千年历史的文明古国，我们必须要有一定的胸怀和魄力，以开放的眼光看待外来文化，做到尊重和包容外来文化，这样才能博采众长，吸收外来文

---

① 本书编写组：《毛泽东思想和中国特色社会主义理论体系概论》（2021年版），高等教育出版社，2021。

化的优点。同时,我们也不能奉行简单的拿来主义,必须学会辨别外来文化,对于优秀的、可以为我所用的外来文化,我们要充分吸收,而对于一些"糟粕",我们必须将其拒之门外。另一方面,要践行文化自信。文化是一个国家、一个民族最亮丽的底色,中华民族要想在世界民族之林站稳脚跟,就必须坚守中华文化立场,充分认同本民族文化,做到文化自信。大学生作为中国青年中的先进代表,更应该践行文化自信。

第二,要认识坚持正确意识形态的重要性,增强意识形态批判力。意识形态关乎旗帜、关乎道路、关乎国家安全,决定文化前进方向和道路。党的十九届四中全会着眼新时代党和国家事业全局,明确把坚持马克思主义在意识形态领域的指导地位。①意识形态多元化已经成为我国大学校园面临的最严峻的挑战之一。能否有效化解意识形态多元化,尤其是西方意识形态的冲击,关系到大学能否有效落实立德树人这一根本任务。因此,我们需要从两个方面做起:一方面,要让广大学生充分认识到坚持正确意识形态的重要性。要在日常的大学生思想政治教育工作中让大学生充分学习意识形态的基本概念、本质及坚持正确意识形态的重要作用等,让大学生从思想上将马克思主义理论和中国特色社会主义理论作为自己的行动依据和指南。另一方面,要不断增强意识形态批判力。面对40余年改革开放带来的发展变化,我们要教育引导广大学生学会辨别,提高警惕,增强意识形态批判力,以实际行动维护我国的国家利益和国家安全。

第三,要弘扬中华优秀传统文化,凝聚大学生共识。中华优秀传统文化是中华民族和中华文明历经五千年的历史仍延绵不绝的精神密码,是中华民族最

---

① 本书编写组:《毛泽东思想和中国特色社会主义理论体系概论》(2021年版),高等教育出版社,2021。

深层次的精神信仰和最根本的行为准则。在庆祝中国共产党成立100周年大会上的重要讲话中，习近平总书记明确提出"坚持把马克思主义基本原理同中国具体实际相结合、同中华优秀传统文化相结合"①的重要命题，为新时代继续推进马克思主义中国化指明了方向和路径。

中华优秀传统文化已经成为中华民族的文化基因，植根在中国人内心深处，潜移默化地影响着中国人的思维方式和行为方式。因此，我们必须教育、引导广大学生大力弘扬中华优秀传统文化，用维系中华民族生存和发展的内在基因去凝聚大学生群体的共识，让广大学生能够在纷繁的社会环境和复杂的利益关系的影响下，坚定科学、正确的理想信念。

第四，要践行社会主义核心价值观，实现价值认同。社会主义核心价值观既是对中华优秀传统文化的历史继承和创新转化，又符合现实要求，将马克思主义的价值逻辑和马克思主义中国化的最新理论成果进行了融会贯通。社会主义核心价值观是直面当前我国政治、经济和社会等方面的新形势、新情况和新矛盾而提出的，它是56个民族、14亿中华儿女赖以维系的精神纽带和共同的价值追求。因此，面对当前我国社会大环境，我们必须教育和引导大学生去真正学习和理解社会主义核心价值观，将其内化为精神旗帜和核心价值素养，并在日常生活的方方面面去自觉践行社会主义核心价值观，让大学校园环境更加规范有序，为大学生理想信念的树立和坚定奠定良好的精神文化基础。

3.以健全的制度文化规范、约束大学生

制度文化是大学校园环境建设中不可或缺的重要组成部分，校园制度文化的不断发展和健全对校园内各个个体的行为具有重要的规范和指导作用，同时

---

① 《庆祝中国共产党成立100周年大会在天安门广场隆重举行》，载于《人民日报》2021年7月2日第1版。

对校园其他文化的建设起着保障和支撑作用。因此，要想有效应对各种外部环境对校园理想信念教育环境的冲击，就必须充分发挥制度文化在大学生理想信念教育中的功能和作用，用健全的制度规范和约束大学生，帮助其树立并坚定科学、正确的理想信念。

一方面，要健全相关理想信念教育制度，规范理想信念教育秩序。思想政治工作是高校落实立德树人根本任务的关键所在，而理想信念教育是高校大学生思想政治教育的核心内容。高校能否有效加强大学生的理想信念教育在一定程度上决定着立德树人根本任务能否落实到位，因此高校在优化大学校园理想信念教育环境方面要注重理想信念教育相关制度的建设，通过健全的理想信念教育相关制度来规范理想信念教育秩序。例如，可以通过制度建设使思政课这一关键课程在高校落实立德树人根本任务中的地位更加牢固；也可以通过制度建设使"思政课程"与"课程思政"协同育人更加机制化，保证其落到实处；还可以通过制度建设使校园理想信念教育物质文化、精神文化、行为文化和网络文化建设更加有据可循，建设得更加规范，形成良好的互动效应。另一方面，要通过理想信念教育制度建设明确大学生的地位和职责。在高校理想信念教育活动中，大学生既是受教育的主体，也是参与的主体，大学生参与理想信念教育活动的状况直接决定着高校大学生理想信念教育的效果。因此，要用有效的理想信念教育制度来规范和约束大学生，通过相关导向制度和奖惩制度等的建设，明确大学生的主体地位和参与理想信念教育活动的职责，规范大学生参与理想信念教育活动的行为。

4.以优良的网络文化引导大学生

网络文化是指在网络平台形成的一定文化行为和文化观念等的总和。网络空间已经成为当下大学生日常生活、学习和娱乐的一个重要维度，面对互联网新媒体对大学生日益突出的影响，高校必须多措并举建设优良的校园网络文化，以优良的校园网络文化引导大学生树立并坚定科学、正确的理想信念。

建立互联网理想信念安全边界从不只是学校一方的事，还需要社会各个主体的共同参与，需要各方加强工作上的统筹协调，更好地汇聚合力，凝聚共识。要加强党的领导作用，这是"党是领导一切的"在互联网治理领域的重要体现。要加强政府的管理作用，因为校园网络安全也是社会事务的重要方面，政府要积极、主动地发挥自身的管理职能。要加强社会力量的协助和监督作用，一方面，学校在校园网络治理方面存在技术上的难点，因此要积极协调社会力量参与和支持校园网络治理；另一方面，社会各主体要发挥自身的监督权利，为构建风清气正的校园网络环境贡献自己的力量。要加强大学生自律，使大学生提高辨别错误信息的能力，自觉抵制各种负面信息。

（三）增强大学生理想信念教育主导者的素养和能力

引导大学生树立并坚定科学、正确的理想信念是每一位理想信念教育主导者的神圣职责，在提倡"思政课程"和"课程思政"同向同行、协同育人的背景下，理想信念教育主导者已经不仅仅只包含思政课教师了，还应该将这个范围扩大，所有大学任课教师、辅导员以及党政机关人员都有责任帮助和引导大学生树立并坚定科学、正确的理想信念。[1]而每一名理想信念教育主导者自己首先必须要有坚定的理想信念。一方面，理想信念不是冷冰冰的知识，只有真正具有坚定理想信念的人才能将理想信念人格化，才能使抽象的理想信念变为生动可感的具象化的东西，使理想信念更加具有吸引力和感染力，去牵动学生

---

① 石亚玲：《大学生理想信念教育研究（1978—2018）》，光明日报出版社，2020年。

心灵深处的情感。理想信念的传递不仅需要用真理去讲道理，更需要一定的热情，而这种热情正是来自理想信念教育主导者内心深处的真情。因此，只有具有真情的理想信念教育主导者才能与大学生产生共鸣。另一方面，理想信念并不是一经确立就一劳永逸和一成不变的，这是由理想信念自身的规律以及运动变化着的世界所决定的。因此，理想信念教育主导者要在现实生活甚至复杂的政治斗争中不断修炼、呵护和滋养自己的理想信念，不断提高自己的政治判断力、政治领悟力和政治执行力。

（四）增强大学生对理想信念的认知、认同和践行

调查发现，当代大学生无论是对理想信念教育的价值、内容的认知，还是对活动的认知，既有"喜"的一面，也有"忧"的一面。"忧"主要表现为大学生对理想信念教育价值的认知不充分，对理想信念教育内容认知不清晰、不完整，对待理想信念教育活动的态度不端正。究其原因，一方面是当前大学生对理想信念及其教育活动存在一定的偏见，主观地认为在理想信念教育活动中所讲的东西过于"高大上"，与自己的实际学习和生活没多大关系，因此会轻视、否定理想信念及其教育活动；另一方面是大学生对理想信念教育的获得感不强，认为理想信念教育过多地偏重于为社会需要和社会发展服务，而在一定程度上忽视了大学生个人的合理需要和个性发展，没有在社会需要与个人需要之间架起桥梁，使得学生参与的意识和积极性下降。这种缺乏理性的认知使大学生理想信念教育的效果大打折扣，因此必须提高大学生对理想信念的认知、认同和践行能力。

1.增强大学生对理想信念的认知

增强大学生对理想信念的认知需要教育引导大学生正确认识"共同理想"

与"个人理想"的辩证关系。共同理想与个人理想是相互渗透、相互联系和辩证统一的。个人理想寓于共同理想之中，个人理想的实现需要以共同理想的实现为前提和保障，共同理想包含着社会全部个体的个人理想，是社会全部个体个人理想的最大公约数和共同利益的反映。提高大学生理想信念教育的效果需要教育和引导大学生深刻学习和认识"共同理想"与"个人理想"的辩证关系，要让大学生深刻认识中国特色社会主义共同理想与其个人理想之间的紧密联系。俗话说"大河有水小河满，大河没水小河干"，只有无数条小河汇集在一起才能形成一条波澜壮阔的大河，因此只有国家好、民族好，我们每个公民个体才会好。

大学生在树立和追求个人理想的过程中只有将个人理想主动融入崇高而伟大的共同理想之中，使个人理想与广大人民的利益相向而行，与国家和民族的需要相一致，才能使个人理想更容易、更顺利地实现，才能体会到自身应有的价值，同时也只有无数个体将个人理想融汇于共同理想的需要之中，崇高而伟大的共同理想才能一步步成为现实。

2.增强大学生对理想信念的认同

增强大学生对理想信念的认同需要关注大学生的需要。如果大学生理想信念教育只是一味地强调社会需要和社会共同理想而忽视了大学生个人的合理诉求，那么，久而久之大学生自然会在一定程度上产生逆反心理和抵触行为。因此，大学生理想信念教育也要在一定程度上多关注大学生个人需要，在为社会需要服务和为大学生成长成才服务之间找到契合点。一方面，要适当开展大学生职业生涯规划指导。大学生正处于成长的关键时期，他们在一定程度上需要有及时、有效的职业生涯规划指导，因此要适时、适当开展大学生职业生涯规划指导，将理想信念教育与职业生涯规划指导有机结合，这样不仅可以增强大学生理想信念教育的实效，而且能让大学生有更多的获得感，促进大学生参与的积极性。另一方面，要鼓励个性发展。社会发展需要与大学生个性发展需要不是互相排斥、互相矛盾的，而是辩证统一的。因此，对大学生进行理想信念教育的目的不是抑制和禁锢大学生的个性发展，而是要在尊重、理解和鼓励大学生个性发展的基础上让其与社会秩序和社会发展相契合，这样大学生才能在心理上接受理想信念教育，激起参与的热情。只有这样，大学生才能不断增强对理想信念的认同。

3.增强大学生对理想信念的践行

增强大学生对理想信念的践行需要提升大学生自我教育的能力。自我教育是与教育相对的一种教育方法，是人们自己将自己作为受教育的对象，充分发挥自身的主观能动性，自觉、主动、积极地进行自我修养、自我锻炼和自我提高的教育活动。与教育相比，自我教育是作为内因而存在的，是推动变化的更根本的动力，是自觉践行的深刻体现，因此自我教育在一定程度上比教育更有效。所以，提高大学生理想信念教育的效果还需要提升大学生自我教育的能力和水平。通过调查，应从以下方面入手：

首先，做到提高自我教育意识与他人监督并存。自我教育意识作为一种主体意识不但要被激活，更要不断提高，如果自我教育意识处于休眠状态，那么理想信念教育会处于被动状态，就取得不了应有的成效。同时，还要时刻接受他人监督，这有利于克服自我理想信念教育中产生的懈怠心理。

其次，营造良好的自我教育氛围。一方面，要在社会和校园中形成弘扬"中国梦""中国特色社会主义共同理想"等社会理想的主旋律和良好氛围，用共同理想去引领大学生的个人理想，促进大学生的成长成才。另一方面，要形成时常关注理想信念教育动态的良好氛围，用党的最新理论成果培养大学生的理想信念。

最后，在实践中提高自我教育的能力和水平。有践行才会有感悟，才会促进能力和水平的提高。大学生要注重在艰苦的环境中培养和锻炼自己克服困难和奋斗进取的精神，深入学习和感悟理想信念教育的时代价值，并积极主动地参与到具体的宣传实践中，在行动中感悟理想信念教育的现实价值。

二、心理健康教育

教育是一个系统工程，能否做好心理健康教育工作关系到人才培养工作的成败。高校既要加强大学生的专业知识教育，更要注重他们的素质教育，注重心理健康教育，促进大学生的全面健康成长和可持续发展。

（一）心理健康教育必须与思想政治教育工作相结合

高校心理健康教育与思想政治教育工作有着不同的形式、内容、要求和方法，它们遵循各自不同的规律和原则。前者立足于解决大学生的心理问题，后者立足于解决大学生的政治思想观念问题。但是，高校心理健康教育与思想政治教育又不是完全对立的，二者互相关联，具有内在统一性。

从目的上看，二者都是高校做好学生工作的重要手段，都立足于培养社会主义事业的建设者和接班人；从内容和效果上看，二者相辅相成，互相促进，一方面，心理问题的解决有助于正确政治思想观念的形成，另一方面，正确的政治思想观念又能使大学生保持良好的心理品质。因此，不能简单地把心理健康教育同思想政治教育割裂开来，应该把二者紧密地结合在一起。

目前，高校的思想政治工作常抓不懈，心理健康教育工作也纷纷开展，而结果有时并不理想，关键在于二者各自为政。因此，找准结合点，把心理健康教育与日常思想政治教育合理地、有机地结合起来，是推动心理健康教育的有力举措。

第一是队伍的结合。各高校要充分发挥学生管理工作队伍在心理健康教育工作中的作用，加强对辅导员、班主任、学生干部和党员的培训，使他们了解心理健康教育的知识，增强心理健康教育意识，具备初步识别和解决心理问题的能力。一方面，辅导员、班主任不仅要在日常思想政治教育中发挥作用，也要在增进学生心理健康、提高学生心理素质中发挥积极作用。在日常思想政治教育中要及时发现并区分学生中存在的思想问题和心理问题，在工作中自觉运用相关的知识和技巧对学生心理问题进行有针对性的辅导和咨询，并主动地与学校心理健康教育工作人员合作，给有心理困惑、心理障碍的学生必要的帮助，这样有利于共同推进心理健康教育。另一方面，应充分发挥学生党员干部的优势，通畅信息渠道，建立心理健康监控网络。通过队伍的结合，各教育主体可以在占领思想政治工作阵地的同时为学生构建可靠的心理防线。

第二是形式与载体的结合。日常思想政治教育有着多种多样的形式和载体，并且发挥了积极的教育作用。心理健康教育和思想政治教育有着共同的目标和对象，因此可以借助思想政治教育的形式和载体来开展心理健康教育。例如，充分利用广播、电视、校园网、校刊、橱窗、板报等媒介广泛宣传和普及心理健康知识；不定期地利用主题班会等形式鼓励学生对热点问题，如大学生恋爱问题、就业问题、人际关系问题、心理问题等进行讨论，帮助大学生树立心理健康意识；针对大学生常见的困惑，邀请有关专家举办讲座，及时给予心理疏导；根据大学生心理特点设计各类心理健康教育活动，如意志训练、适应训练、角色互换等，在活动中强化学生的参与意识。

（二）加强大学生心理健康教育的几点新思考

1.对大学生进行心理普查，建立个人心理档案

对大学生实施心理健康档案制管理，认真建立新生心理健康档案，掌握每一个学生的心理健康状况，从中发现心理疾病高危人群，从而有针对性地进行防范和治疗。同时，对前来咨询的学生进行跟踪观察与辅导，不断帮助学生提高自身心理健康水平和心理素质。

另外，还可以对具有优秀心理品质的大学生进行追踪观察。在大学生毕业进入社会后，高校要对那些可以尽快适应社会、转变自身角色、正确自我定位的大学生进行统计，并建立心理档案，以便从优确立大学生心理健康教育模式。

2.拓宽教育途径，构建网上心理教育平台

随着信息技术的高速发展，上网已成为大学生了解时事、查阅资料、交流感情、休闲娱乐的重要途径，成为他们学习、生活不可或缺的重要组成部分。因此，建设好网络阵地，开展好网络心理健康教育，是社会发展对高校心理健康教育提出的新要求。

与传统的心理健康教育相比，网络心理健康教育具有独特的优势：第一，即时性。大学生在网上接受心理健康教育不受时空限制，可以随时通过心理健康教育网站寻求心理帮助。第二，广泛性。网上信息量大、扩张快且渗透功能强，教育覆盖面广，可以为大学生提供较为全面的心理健康教育服务，更好地满足不同层次、不同群体的心理健康发展需要，能有效地缓解当前高校普遍存在的心理师资缺乏的问题。第三，隐秘性。大学生在网上接受心理健康教育可以消除以往面对面的顾虑，能更真实、更客观地表达内心，有利于加强心理健康教育的针对性。

目前，高质量的心理健康教育网站不多，网络心理健康教育开展的情况并

不理想，网络信息良莠不齐，缺乏可操作性；加上受网上咨询人员数量、能力和网络技术等因素的限制，互动效果难以保证。因此，切实改进和加强大学生网络心理健康教育很有必要。重点要做好以下几项工作：第一，集中优势力量建设好全国大学生心理健康教育大网络，实现全国心理健康教育网络的互联与资源共享。教育部门要积极指导和督促高校建设各具特色的校园心理健康教育网站，共同为大学生提供心理服务。第二，教育部门要积极组织心理健康教育专家、计算机专家共同研究开发新的心理健康教育软件。软件应主要针对当前大学生普遍关心的热点、难点心理问题，不仅要具有思想性和教育性，还要具有趣味性，以便更好地增强网上心理健康教育的吸引力，使网络真正成为心理健康教育的主阵地。第三，重点做好在线辅导与咨询以及在线交流与讨论，使有困惑的学生能及时打开心扉，帮助他们及时解决学习、生活中所遇到的各种问题和困惑。第四，加强网络心理健康教育队伍建设。网络技术的发展要求各高校尽快培养一支新型的心理健康教育队伍，使这支队伍成为名副其实的网络灵魂工程师，能通过网络准确把握大学生的心理动态和心理要求，科学地给予服务和引导，使得网上心理健康教育更具亲和力。

3.推行朋辈辅导

大学生普遍都有追寻自我、寻找良师、结交朋友的需求。在中外的学校中，服务于青年学生，协助他们解决困惑的心理健康方面的专业人员都显得过少。在此情况下，大学生更加倾向向身边的同学或朋友寻求解决问题的良策。因而，美国的一些大学用接受训练的学生担任朋辈辅导员。长期以来，朋辈辅导受到肯定的原因在于可以弥补专业辅导的不足。朋辈辅导计划能将辅导所能服务的范围拓展到整个学校，从而使朋辈辅导更具预防性和全面性。

目前，主要的朋辈辅导类型主要有以下几种：一是朋辈教导。朋辈教导指学生之间互相教导、共同提高的一种辅导方式。其主要理念是"年轻人帮年轻人"。在教导中，教导者与被教导者的角色是不确定的。很多有关朋辈教导的文献一致肯定朋辈教导对教导者与被教导者的心理发展具有积极作用。二是朋辈调解。朋辈调解是朋辈辅导方案的核心，也是目前被广泛应用的解决学生间争执、冲突的方法。朋辈调解主要由经过训练的朋辈辅导员，利用有效的沟通技巧，引导冲突双方共同探讨解决问题与争端的途径，建立相互尊重的气氛，从而解决问题，防止争端扩大。三是朋辈咨询。朋辈咨询是朋辈辅导中较受重视的课题，可以在具体情境中进行，它属于间接辅导，比较重视问题解决、信息提供、内容导向，强调预防的功能。

一项成功的朋辈辅导方案取决于下列四个主要过程：朋辈辅导员的选择，朋辈辅导员的组织与培训，朋辈辅导的相关配合措施与实际推动，朋辈辅导的效果评估与检讨改进。其中，朋辈辅导员的组织与培训是整个方案的关键。成功的朋辈辅导计划的效果不比专业人员的辅导效果差多少。而且，大学生朋辈辅导的成本大大地低于专业辅导，在现有条件下值得普遍推广。

可见，朋辈辅导具有特殊的意义，尤其对于大学生而言，如果这项工作能够得到有效开展，必将对大学生心理健康教育工作起到重要的作用。

4.构建三级心理健康教育体系

应建立心理健康教育三级防护网，使心理健康教育在班级、院系、学校分层次进行，并形成互动效果。建立高校心理健康教育三级防护网，是根据流行病学统计结果提出的策略。目前，国内外很多高校都把预防心理疾病作为心理健康教育的首要任务，在高校建立心理健康教育三级防护网可以在经费不足、人力资源有限的条件下取得良好的效果。

三级防护网包括初级防护网——由心理教育工作者在学生中通过各种途

径普及心理卫生知识，培养一批学生咨询员，以减少、防止学生心理疾病的发生；系级防护网——对系、部层次的与学生联系密切的思想政治教育工作者、管理人员、辅导员进行培训，使其区分心理问题与思想问题，并能及时解决一些一般的心理问题；校级防护网——以学校心理教育机构、心理咨询中心为主，主要是要求专业人员及时对一些严重的问题进行处理，并通过普查的方式全面了解学生的心理健康状况，建立学生心理健康档案，有针对性地进行重点教育、预防。

另外，创立大学生心理健康社团，并积极扶植、鼓励和指导大学生开展心理健康活动。通过心理健康知识讲座、心理测试、心情驿站、网络虚拟心理咨询中心、模拟情境表演等形式，为广大学生提供了解心理健康知识、解决焦虑与困惑、开发自身潜能的良好空间，帮助学生更好地认识自我、发展自我、提高自身心理素质，及时化解大学生的一般性心理健康问题，达到自助、互助的作用，同时也起到及时反馈学生心理问题的作用，搭建起教师与学生之间沟通的桥梁，使教育渠道更加畅通。

心理健康教育三级防护网的建立，可以唤醒学生对心理健康教育重要性的认识，并逐步形成自我心理保健意识，把心理健康和生理健康摆在同等重要的位置，有效促进自身的全面发展。

5.系统开设心理健康教育课程

高校应构建以课堂教学为主，课外教育指导为辅的心理健康教育运行机制，注重宣传、普及心理科学和心理健康知识，提高学生心理调适能力，为学生提供维护心理健康的方法，使他们能够及时发现心理异常现象，防患于未然。大学生心理健康教育课程是高等院校对大学生进行心理健康教育的重要渠道。当前，各高校都开设了心理健康教育课程，但由于部分高校教学观念落后和师资队伍缺乏，教学往往偏离目标，大部分心理健康教育课都有课程化倾向，并没有实现有效缓解学生心理压力的目标。因此，有必要加大课程改革和教材建设的力度，确保大学生心理健康教育顺利进行。

首先，要正确认识心理健康教育课程的特殊性。第一，心理健康教育课程不同于普通课程，心理健康教育不是传统意义上的学科，它是一门新的综合性学科，是运用普通心理学、教育学、社会学、医学心理学等学科知识和原理，对大学生进行积极的心理干预和影响的学科。第二，心理健康教育课程不是以学生掌握了多少心理学知识为目标，而是以优化学生心理品质为目的，其基本特征是使学生自省、自悟、自奋。第三，心理健康教育课程具有五个特性——教学过程的开放性、教学活动的参与性、教育过程的实践性、教学活动中师生的互动性和教学过程的个性体现。

其次，要加快心理健康教育课程改革。一是要把心理健康教育课程纳入高校整体教育体系，使之成为高校课程建设的有机组成部分。二是各高校应根据不同层次、不同年龄阶段学生的身心特点，对心理健康教育课程进行系统设计，体现课程实施的连续性、层次性、科学性。三是课程可以设置多门，可以采取多种形式进行。对于心理健康基础知识和一些共性的学生心理发展问题，可以采取必修课的形式；对于部分学生特有的问题或特殊需要，可以采取开设多门选修课或者专题讲座的形式。四是课程的讲授要以学生的兴趣和心理需要为切入点，以全面提高学生心理健康水平为落脚点，内容和方法应注重结合时代特点和心理学的进展，尽量贴近学生实际，体现科学性、适应性、可操作性和趣味性，提高心理健康教育的吸引力和教育能力。五是教师要树立新的教学理念，从心理健康教育的角度把心理学的理论、技术、方法引进课堂，主动更新教育手段和教学方法，采用问题式、案例式、研讨式、启发式等生动活泼、深入浅出的教学方法，充分调动大学生参与的积极性，提高心理健康教育课程的教学质量和教学效果。

最后，大力抓好教材建设。心理健康教育的目的是优化学生心理品质，促进学生的全面发展和健康成长。因此，各高校要紧紧围绕这一目标来进行教材建设。然而，有的高校在教材的选择上基本是根据教师的喜好而定，具有很大的随意性。教育管理部门一方面应严格教材出版管理，避免功利化倾向；另一方面应尽快组织专家编写高质量的教材，尤其要符合大学生心理发展和课程建设的需要，既要重视智力因素的开发，更要重视非智力因素的培养，体现针对性、专业性、实用性和可操作性。同时，要制作与教材配套使用的心理健康教育教学课件，围绕大学生普遍关心的问题，选择现实生活中生动形象的事例作为突破口。

三、就业指导教育

大学生就业能力开发的目标分为三个层次：第一个层次，帮助大学生实现就业，即帮助大学生找到一份工作，实现从学生到职业人的角色转换，以免出现毕业即失业的现象。第二个层次，帮助学生认识自我并寻求到与自己相匹配的工作，在和谐的工作环境中实现个体人力资本、兴趣和职业的匹配。第三个层次，培养大学生形成职业意识、职业理念，帮助其在长远的生涯发展中保持长效就业力。

这三个层次的目标层层递进，内涵也各不相同。第一个层次体现的是人与职业的结合；第二个层次体现的是人与职业的暂时平衡；第三个层次体现的则是人与职业的稳定平衡，这是人的职业生涯发展的最高境界。

（一）理念创新

理念是决定人的行动方式与行动投入程度的关键要素。大学生职业生涯教育是以引导学生获得全面发展、取得职业生涯及人生的成功为目标的科学的教育活动，其教育的开展必须以科学的、先进的理念为指导。

1.高校需改变"短期促销"的教学模式

对大学生进行就业指导，引导和帮助大学生进行职业生涯管理，是高校义不容辞的责任。就业指导是一项专业工作，而非教学的一个环节。这就要求高校大力推进改革，帮助大学生从"要我学"转变为"我要学"。

第一，要以促进学生职业生涯持续发展为着眼点。目前，职业指导教育着重对学生求职面试的技巧进行指导，并提供就业信息，了解学生当前的就业安置情况，忽视了学生的持续发展，没能去发现他们的职业兴趣，发掘他们的职业能力，导致毕业生缺乏明确的职业生涯发展目标，出现短视与急功近利的现象，难以真正体会到工作的乐趣，从而使其缺乏工作积极性、主动性与创造性，职业生涯发展处处受阻。职业生涯教育必须以学生的终身发展为着眼点，设计教育方案，开展教育活动，引导学生明确职业生涯发展目标，学会把握职业机会，不仅要关心就业问题，更要关心如何才能更好就业，实现学生职业生涯的持续发展。

第二，要以发掘学生职业生涯发展潜力为主要教育目的。开展职业生涯教育的最终目标在于促进学生的全面发展，引导学生走向成功，其直接目的在于充分发掘学生的发展潜力。职业生涯教育应立足于对学生、职业机会与职业世界的全面分析，帮助学生认识自己的潜力，并开发自己的潜力。

2.大学生应转变就业心态

大学生本人应正视现实，调整心态，转变传统的"一次就业定终生"的就业观念和就业中狭隘的地域观念，不盲目从众。应转变"被动就业"和"依赖就业"的观念，树立自主择业和自主创业的思想。总之，大学生必须调整心态，转变观念，以适应劳动力市场需求结构的变化，并按照高等教育推行的"厚基础、宽专业、强能力、高素质"的教育模式来塑造自己，迎接新挑战，实现自己的人生价值和社会价值。

从终身学习的观点看，人的发展问题不是普通教育所能解决的，无论是何种形式的教育，迟早要与社会职业相衔接，需要通过服务社会来实现。大学阶段是职业生涯的准备期和探索期，需要具备学会学习、学会做事、学会合作、学会生存的能力。其中，学会生存是前三种成果的主要表现形式。

（二）体系创新

1.大学一年级：认识自我与环境

（1）职业认知教育

根据西方国家职业教育的经验，学校应从学生上小学开始就进行相应的职业认知教育。我国一些人却认为学生应专心学习，学有所成再谈论职业。同时，由于高考的巨大压力，一部分学生在上大学前，对社会上的各行各业了解不多，"职业"对于他们来说是一个遥远且抽象的词汇。

因此，职业生涯教育的内容首先是对大学生进行职业认知教育。职业是个人在社会中所从事的作为主要生活来源的工作，人们既可以从中获取相应的报酬，又能扮演一定的社会角色，履行一定的社会职责。可是在部分大学生眼中，职业的概念远远没有表述得这么大。例如，20世纪80年代，一些大学生认为不进入国有企业就不能称为就业，而近几年一些应届毕业生则看中收入高、有个人发展优势的职业。再如，随着第三产业在国民经济发展中的作用越来越大，其提供的就业岗位大量增加，但有些学生片面地认为第三产业是服务性行业，没有好的发展前途。因此，了解职业的产生与发展、职业的分类，对于当代大学生的职业发展具有重要的作用。

另外，在职业评价教育方面，一定要让大学生在结合自身特点的基础上，评价出最能发挥个人特质与潜力的职业方向或职业群，避免出现从众、攀比，不考虑个人性格特征，追求虚荣的现象，这是大学生做好职业生涯规划的重要前提。

（2）自我概念教育

唐纳德·舒伯（Donald Super）的职业发展理论强调要获取职业满足感，并把"自我概念"作为这一理论的核心内容。自我概念是指人们应该对自己有一个全面、恰当的认识，即了解自己的思想、价值观、气质类型、兴趣爱好、能力倾向等。拥有良好的自我概念就可以在选择职业时，选择那些符合自己价值观需要的，与自己的个性、品质及能力相适应的工作，并在工作中更有效地发挥个人潜能，实现自我价值，促使个体自我发展与职业发展的完美统一。

舒伯认为个人工作满意的程度与自我概念实现的程度成正比。由此可以看出，职业生涯教育要使学生获得对未来的满足感，很大程度上就要帮助学生形成一个良好的自我概念。而在市场经济大潮的影响之下，大学生择业在当前出现了明显的功利倾向，如哪个职业热门、哪个职业赚钱多，就选择哪个职业等。这些盲目追逐时尚、满足个人一时的物质欲望的职业选择是一种非理性的选择，倘若与自我概念不适合，就有可能在从业之后产生心理适应不良的问题，甚至有人由于不能在工作中获得成就感、满足感还会产生极度的自卑心理。

舒伯还认为职业发展过程是个人与社会环境之间、自我概念和现实之间的一种调和过程，个人的职业发展形态或职业发展模式受社会环境、个人能力、人格特征和机遇的影响。这就为高校在职业生涯教育过程中坚持个人需要与社会需要相统一的导向提供了很好的理论依据。结合大学生所处的年龄段的特点来看，大学阶段正是自我意识迅速发展的时期，所以高校在大学生职业生涯教育中，重要的任务之一就是协助个人发展并使其接受自我概念教育，使个人在现实世界中接受考验，并整合为实际的事业（职业），以满足个人的需要，同时造福社会。

（3）理想教育

列夫·托尔斯泰曾说，理想是指路明灯，没有理想就没有坚定的方向，而没有方向就没有生活。职业理想是理想的重要组成部分，树立正确的职业理想，对于大学生顺利就业以及在职业实践中把职业理想转化为现实有着重要的意义。正确的职业理想必须建立在符合现实、符合社会发展和社会需要、符合人的发展的基础上。

首先，造福人类是职业理想的最高追求。把造福人类作为职业理想的最高追求是由人的社会属性所决定的。职业的形成与发展是人类社会发展的缩影，职业本身就是为协调社会生活，为社会发展而存在的，它的本质是从属于社会的，而不是从属于个人的。虽然在当前和相当长的一段时间内，职业还是人们谋生的手段，但一个树立崇高职业理想的人，总是把造福人类作为自己奋斗的根本目标。

其次，实现人与职业的合理匹配是树立正确职业理想的客观基础。人的生理、心理特点不同，所能适应的职业范围也不同。职业本身的特点，对人的要求也存在着客观差别。从人与职业两个方面来说，如果人选择了能够发挥自己特长的职业，其潜能就会得到最大限度的发挥，在同样的劳动时间内，其会比不适应职业的人的效率高、贡献大。职业与适应其特殊需要的人相匹配，就能发挥出应有的社会功能。因此，人与职业的合理匹配也就成为大学生树立正确职业理想的客观条件。

2.大学二、三年级：发展职业素养

（1）职业道德素质教育

职业道德是道德的一个特殊领域，是同人们的职业活动紧密联系的、具有自身职业特征的道德活动现象、道德意识现象和道德规范现象，是社会道德在职业生活中的具体化。提升学生职业品质的过程，也是帮助他们逐步实现社会化的过程，这是为学生做好生涯准备的关键所在。一般说来，人生包含了职业，职业又反过来塑造了人生。但是，职业对人生的塑造是正效应还是负效应，是积极的还是消极的，是促进人的全面发展还是限制人的全面发展，可以说关键就在于有没有职业道德的导引。高等教育作为职业教育的组成部分，让大学生了解职业道德的产生、构成、特征及其基本规范，自觉形成和发展良好的职业道德意识、规范和调节职业道德行为，对以后的工作和实现自己的职业理想是十分必要的。由于良好的职业道德素养并非一日养成，因此在大学期间接受有目的、有计划的特定的职业道德教育，便能为他们踏入社会，走上工作岗位，对国家做出巨大贡献奠定基础。因此，高校应按专业在职业道德的系统内进行行业道德教育。当然，尽管不同的行业道德规范在内容上存在着差异，但又具有鲜明的共性，即对社会负责，对人民负责；敬业、乐业，忠于职守，求实奉献；刻苦钻研，不断进取，团结协作。大学生是未来建设的主力军，在了解了相应的职业道德规范后，应结合实际从未来的事业出发，注意培养和形成自己良好的职业道德意识，多渠道、多方式地锤炼自己的意志，养成良好的职业道德，提高职业品质，为生涯发展与成功人生铺路。

（2）生涯发展能力教育

职业生涯教育实质是一种能力的训练，即人的生存能力的训练。纵观当代社会人力资源需求趋向，职业生涯教育应侧重训练的生涯发展能力主要包括以下内容：一是自我经营的能力。良好的生涯发展，首先要从装备自己开始，包括了解自己、维护健康、充实知识技能、发挥长处等。二是生涯规划及生涯决策能力。生涯发展包括一连串的生涯规划与决策的过程，因此职业生涯教育必须协助学生学习如何规划人生，使学生了解生涯规划的意义，掌握生涯规划的基本原则和基本方法。三是时间管理的能力。有效的时间管理，是生涯发展过程中应具备的基本能力。职业生涯教育应帮助学生树立新的时间观念，分析浪费时间的因素，排定优先顺序，制订切实的工作计划，从而提高时间的运用效率。四是人际交往的能力。生涯发展过程中离不开人际的互动与交往，因此职业生涯教育必须引导学生形成和发展良好的人际交往能力，使学生恪守人际交往的规则，克服人际交往的心理障碍，掌握人际交往的技巧等。五是适应环境的能力。人的一生中，内外环境是在不断变化的，没有良好的适应环境的本领，随时可能被淘汰。因此，适应环境，利用时势，是生涯发展的重要因素。六是创新能力。创新是一个人生涯发展的成功要素之一。职业生涯教育把培养学生的创新能力作为重要的内容之一，引导学生善于思考、勤于思考，敏于观察、勇于实践，积极进取，标新立异。

（3）创业意识和创业能力教育

生涯发展最重要的素质之一就是创业素质。所谓创业教育，是指开发和提高学生创业基本素质的教育，是一种培养学生的事业心、进取心、开拓精神、冒险精神，鼓励其从事某项事业的教育，具体包括创业意识教育、创业心理品质教育、创业能力教育和创业知识结构教育四部分。创业教育以创造性就业和创造新的就业岗位为目的。从目前来看，创业教育已经成为世界高等教育发展的总趋势，也是我国高等教育改革与发展的必然选择。

在我国，大学生仍属于高层次的人力资源，社会不仅需要他们在已有的领域谋求发展，而且需要他们从就业转向创业，自主创业、科技创业，给自己创造就业机会，也给别人创造就业机会，同时给国家增加财富。这就是当前我国高校职业生涯教育非常重要的一个内容。需要特别指出的是，大学生创业不仅仅表现为开公司、办企业，更多地表现为树立开拓创新、不屈不挠、积极进取的创业精神，立足岗位创业，实现工作创新。

3.大学四年级：实现职业选择与发展

这一阶段，主要根据大学生就业期面临的困惑，进行就业政策、技巧、信息、心理调适等方面的指导与服务。

（1）就业政策指导

就业政策是党和国家关于当年或现在仍在实施的有关毕业生就业的路线、方针、政策或精神，是各级政府和用人单位必须遵循的指导性文件。所有大学毕业生都应该认真、深入、切实了解并掌握就业政策。对于有关部门制定的行业性、地区性就业政策及学校的有关规定，相关责任人也要向学生讲解清楚，使学生明晰毕业生就业制度改革的目的、方法和步骤，明确学校、用人单位和毕业生在就业过程中的权利、责任和义务，从而提高学生的配合意识、参与意识。

（2）需求信息指导

职业需求信息是大学生求职择业的基础，用人单位的详细情况、需求的专业和人数、联系方式等，历来都是毕业生关注的焦点。因此，对需求信息的挖掘和选择，是就业指导的重要环节。要通过技术手段加工和处理信息，利用现代网络手段及时向毕业生发布并具体分析，以利于毕业生从整体上了解就业形势，适当调整期望值；要结合需求情况和毕业生各自的具体情况进行合理的挂钩和定位，对个体实施分门别类的指导，在信息共享的前提下实现微观运作的灵活性和针对性；同时，也要重视学生本人挖掘和筛选信息的能动性，引导学生自觉地挖掘信息、充分利用信息。

（3）求职技巧指导

作为最直接、最具针对性的一种指导，求职技巧指导包括就业礼仪指导、应试技巧指导、面试技巧指导等内容。许多毕业生在初次找工作时会产生一种茫然无措的感觉，对准备自荐材料、笔试、面试都缺乏应有的常识，更没有相应的实践经验，也就谈不上什么技巧。求职技巧指导就应该把与应聘相关的常识和技巧介绍给学生，并从实践的角度着眼，帮助毕业生制订切合实际、行之有效的求职方案，分析可能出现的情况和问题，做好应变的准备。在此基础上，毕业生要明确自己的优势和劣势，有针对性地进行训练。

（4）心理调适指导

大学生择业的过程是一个复杂的心理变化过程。面对众多的竞争者，要想获得择业的成功，没有充分的心理准备和良好的竞技状态是不行的。因此，高校就业指导部门和相关心理咨询部门要本着关心人、爱护人的目的和科学、务实、负责的态度，引导毕业生正确地评价自己、认识社会，正确对待成功与挫折。相关部门可以通过开设心理调节课程、开通心理热线、开办心理网站等方式，教会学生适当地调节情绪，释放压力。对个别情况严重者，应采取有效的心理咨询和心理保护措施，通过深层次的交流、必要的治疗，缓解他们的心理压力，重树自信心。

（三）方法创新

1.理论活动和实践活动相结合

实践是认识的基础，是认识的来源和动力，是检验认识的真理性的唯一标准，是认识的最终目的。教育与社会实践相结合的立足点和归宿是培养人，其根本目的是在实践的过程中深化对知识的理解，使受教育者的知识面得到拓宽，知识结构更趋完善，并能掌握基本的工作技术与技能。在社会实践中，大学生受到全方位的教育和锻炼，不但可以使本身的知识技能得到巩固，使知识结构得到完善，而且可以检验自身行为模式、价值观念中与社会文化不相协调的部分，从而纠正自身的偏差，为将来真正走上社会做好准备。此外，在社会实践活动中，大学生直接和社会各层次、各类型、各部门的人员打交道，有利于大学生学习如何分工协作、学习如何处理各类人际关系，在实践中树立团结合作的意识，不断提高自己、完善自己，向一个真正意义上的社会人靠近。

因此，大学生职业生涯教育必须将理论与实践相结合，保质保量的专业实践是大学生生涯发展的关键。只有让学生亲自参与到社会活动中去，亲自体验工作所带来的不同感受，才能更清楚地认识自己，更切实地感受到自身存在的不足。高等学校必须认识到实践活动在大学生职业生涯发展中的重要地位，并积极为大学生的实践活动创造条件。

高校必须有一个长远规划，有经费保障，建立相应的实践基地，特别是做到校企结合，共同研发，让学生成为研发项目的重要力量。要在用人单位、企业家和学生之间架起沟通的桥梁，帮助学生建立职业联系网，让学生同实业界建立联系，请实业界人士参与大学的教学工作。同时，教育工作者也可以利用假期到与其专业相关的企业参加社会实践，使教学更加贴近实际。高校还可以组织学生参观公司、企业、事业单位，使其在进一步了解实业界的同时扩大社会交往。在这一点上，西方发达国家已经十分成熟，形成了一套行之有效的制度。我国一些大学也做出了成绩，形成了学校、企业、学生"三赢"的良性循环格局。

对学校而言，可以通过"产、学、研"相结合的方式，拓宽学校资金来源的渠道，获得较稳定的实习基地。同时，学校的课程设置、培养目标通过实践检验后，会进一步完善。对企业而言，学生的实践可以增强企业自身的研发能力，特别是将学生掌握的先进理论应用到企业管理和产品开发中，会极大地增强企业的竞争力。对大学生而言，到一个稳定的企业实践，可以更加深入地了解企业的人才需求状况，认识自身知识结构与市场需求的差距，从而及早采取补救措施。在自己的动手能力得到提高的同时，他们的课程设计、毕业设计也将与企业有机地结合起来，更具针对性、实用性，能为未来的就业积累丰富的经验。

2.学校教育与企业参与相结合

除了具备一定的专业知识，企业还要求学生具有较强的合作能力、实践能力、组织协调能力、专业应用能力等，但是实际上学生这些方面的能力还有所欠缺。

因此，应当加强政府和学校的合作，加强对学生的综合培训。高校应主动谋求与社会资源的对接，共同促进大学生的生涯发展。大学生生涯发展辅导具有很强的社会性，如何有效地整合社会资源，是搞好大学生生涯发展辅导的重要突破口。高校要利用和开发好以下社会资源：一是加强与用人单位联系，经常召开毕业生就业座谈会，并主动走访用人单位，征求它们对人才培养的建议；二是聘请职业指导专家、人力资源专家进校，通过专题讲座、案例分析、经验分享、面对面咨询等方式，使学生了解更多的社会中有关就业信息、择业技巧、职业道德、社交礼仪等方面的知识，帮助学生找准自己的位置，使生涯发展辅导更贴近社会，贴近实际；三是优化校外实习基地建设，由各系代表学校与基地所在单位签订合作协议，通过校外实习，培养学生的沟通能力、敬业精神、团队合作精神和社会责任感，使学生积累更多的工作经验，以此提高学生的实践能力和社会适应能力；四是加强与校友的沟通与联系，校友是做好职业生涯辅导很重要的资源，他们的经历和经验对在校学生非常有说服力，他们创办的或任职的企业也不失为可以利用的有效资源。

（四）制度创新

制度是保证一切措施运转的基础，良好的制度可以促使各项措施有效发挥功能。与生涯辅导密切相关的、需要进一步完善的管理制度包括人才培养制度、就业指导工作制度和公共就业服务制度。

1.改革人才培养制度

首先，要建立入校后自选专业制度。我国职业生涯辅导还未能在中小学阶段普及，大多数学生缺乏对职业的认识。对于考上大学的学生而言，他们的专业选择要么听从他人的安排，要么凭借自己的感性猜测，对自身及专业的不了解往往容易导致学生进入大学后对专业缺乏兴趣，失去学习的动力。高校实行转专业制度可以使在校学生多一次选择的机会，体现了学生管理的人性化。近年来，越来越多的高校着手改革"一考定终身"的弊端，允许部分学生在第一学期结束后，通过选拔考试选择自己感兴趣的专业。还有一些高校为避免由此带来的学生盲目转专业的情况，采取的是大类招生的制度。"大类招生"即学生入学后首先按学科大类学习，一两年后再根据自己的兴趣、专长在大类所含专业中选择具体专业。这种"宽口径"的通识教育，使学生掌握了扎实、全面的基础知识，培养方式也更为灵活。学生经过一两年学习和了解，往往能更加理性地选择专业。当然，大类招生对学校的规格是有要求的。专家指出，高校需要制订合理的教学计划、多门课程融合的教学方案，并拥有雄厚的基础学科师资力量、充足的生源等，否则很难达到预计的培养目标。

其次，要实行完全学分制。我国从20世纪80年代开始实施学分制，但是国内大多数高校的学分制或多或少带有学年制的色彩，真正意义上的完全学分制还未建立。完全学分制具有三个特点：一是学习内容具有选择性。完全学分制的教学计划有很大灵活性，在一定程度上允许学生选择自己认为必要而且感兴趣的课程和专业，从教学内容看，它是为宽口径的专业教育做准备，也是让学生广泛地接触各个领域，以便结合自己的兴趣重新选择职业，这是学分制的精髓所在，体现了对人的尊重。课程的选择权为学生再次选择专业提供了机会。二是承认学习主体的差异。学生生源存在较大的差异，学分制有利于因材施教，从而使课程考核更具变通性。完全学分制下，所修课程考试不及格者均可重修或另选另考，直到考试及格并取得等值学分。这种允许受教育者在一定限度内根据自身的发展进行自我调整的做法，既体现了对学分的重视，又有利于学生形成社会需要的才能。三是学制具有弹性。本科标准学制为4年，在学分制实施过程中，学习期限可放宽为3～6年，最长的可延期至8年，以便于在职人员的学习，也便于有特殊情况必须中途休学或停学的学生的学习。正是由于学分制使现行的高等教育制度具有更大的灵活性和适应性，因此它能够成为辅助大学生生涯管理的有力手段。

2.完善就业指导工作制度

（1）推进专业化的就业指导队伍建设

首先，以专职就业指导师代替院系辅导员的就业指导职能。高校应该制订计划，在院系中设置就业指导人员，并使其分期、分批通过人力资源和社会保障部职业技能鉴定中心专门针对大学生就业指导的就业指导师资格考试，获得就业指导师专职资格证书。在各院系中设置就业专职指导师，有利于分担学校就业指导机构的工作。当前，院系学生就业指导工作主要由辅导员承担，但是院系辅导员在参与党团工作、教学管理、解决学生生活问题等工作的同时，很难再有充足的时间和精力来对本院系学生进行就业指导，于是就业指导工作重心仍集中于校级就业指导机构，这导致很多工作不能及时落实到位，影响学生的及时就业。在这样的情况下，院系只是被动地将从学校就业指导机构得来的就业信息传递给学生，缺少开拓就业市场和就业渠道的主动性，使学生丧失很多很好的就业机会，也使一些基础性、具体性的就业指导工作不能有效开展。因此，在院系中设置专职的就业指导师显得非常重要。

专职就业指导师的招聘，可以在本院系中通过选拔竞聘上岗，优先录用有就业指导经验的人。专职就业指导师的考核，可以根据岗位特点，采取定性和定量相结合的方法进行。考核指标可以是日常就业指导工作完成情况、院系毕业生就业落实率、学生的反馈信息等。院系就业指导师必须要与校就业指导机构及时进行交流和沟通，积极向校就业指导机构反映工作中出现的问题，配合校就业指导机构开展具体性工作，接受校就业指导机构的培训和指导，同时和本院系辅导员既要进行明确、合理的工作分工又要适时进行沟通和交流，了解学生思想发展状况，定期和学生进行交流，帮助本院系学生进行职业生涯规划，积极开拓与本院系专业相关的就业渠道和就业市场，收集有关就业信息，总结工作经验教训等。院系专职就业指导师所从事的是比校就业指导机构更为具体和实际、灵活的工作，既能减少校就业指导工作的工作压力，又能及时针对本院系具体情况来开展更有针对性的活动。

其次，加快就业指导者的专业化发展。在发达国家，就业指导部门的工作人员中已拥有不少教育学、心理学等专业的博士。提高就业指导人员的质量过程也就是就业指导人员的专业化过程。就业指导人员必须具有广博的专业知识，包括心理学、教育学、社会学、人才学、市场学等专业知识，还要了解市场经济理论、经济社会发展战略与规划、国家的法律法规和政策、就业的形势与分析、就业指导的内容与方法等。培养专业的就业指导人员，可以从以下几个方面着手：一是在实践中积累经验；二是在教学中不断提高；三是在探索中不断成长；四是在深造中不断完善。

另外，除了对现有资源进行培训和再开发，还可以在学科建设上进行尝试，即在一些高校的教育学院或者心理系开设职业咨询方向的硕士课程。同时可与国外拥有相关专业的高校合作，培养我国的职业咨询专业人员。

目前，我国部分高校职业指导部门人员素质不高，师资缺乏，根本满足不了学生以及社会对职业生涯设计工作的需求，这就需要建设一支高素质的职业生涯设计师资队伍。高校职业生涯设计人员个人素质至少应包括如下几个方面的内容：具有较高学历、具有一定的事业心和责任感；具有较高的理论水平，掌握职业生涯设计的基本理论；具有较强的指导能力，能够运用心理测量和咨询等方法帮助学生进行职业生涯设计；具有创新精神，能够不断探索职业生涯设计的有效途径和基本理论；具有良好的团队精神和奉献精神；了解与职业生涯设计相关的政策、法律等。

最后，实现就业指导全员化。从数量上来看，近年来我国各高等院校的职业生涯教育的工作人员在逐渐增加，但从总体上看仍然较少。此外，很多高校在院系一级设置了专职或兼职就业辅导员，兼职就业辅导员的日常工作也以就业指导和服务为主，其他工作一般居于次要地位。我国各高等院校的就业指导工作人员数量对于缓解当前"就业难"格局，提高职业生涯教育质量的要求来说，是远远不足的。与发达国家高等院校的就业指导人数相比，差距更为巨大。我国的高等院校要搞好职业生涯教育工作、提高工作水平的重要条件之一，就是进一步增加职业生涯辅导机构的编制人数。

（2）健全毕业生就业指导服务机构

高校就业指导服务机构应该按照三层组织架构来划分：校级领导、就业指导部门和各院系辅导员、专业教员。毕业生就业指导工作应作为学校各项工作的重中之重，应该实行校级领导责任制，以此来明确就业工作的重要性。应在管理上形成校级领导、就业指导部门、院系领导和辅导员一级抓一级、层层抓落实的毕业生就业指导工作体系；必要时成立以校长为领导的就业指导委员会，指定一名副校长专门负责就业工作，以更好地统筹学校各部门和各院系，更好地服务学生就业。

高校应设置毕业生就业指导服务体系独立的就业指导机构——就业指导部门。就业指导部门应根据内外环境合理配置人力、物力、财力及信息等资源，确定毕业生的就业目标，制订就业指导工作目标、总体规划，实现由单纯的行政管理职能向服务和教育职能的转变。确定就业指导部门在整个毕业生就业工作中的枢纽作用，在就业指导部门内部设立市场开发与信息技术部门、就业咨询指导部门、业务办理部门，三部门辅以各院系成立的以院系领导为组长，院系相关领导、专职就业人员和辅导员为成员的毕业生就业指导工作小组。

市场开发与信息技术部是就业指导部门的核心，担当将毕业生推向市场、推向社会的重任。市场开发与信息技术部对外负责宣传学校的办学特色，拓展毕业生就业市场，研究用人单位的招聘需求，广泛建立与用人单位的协作和交流，反馈用人单位的需求信息和招聘意见，疏通毕业生和用人单位需求信息，为毕业生和用人单位双向选择创造条件和接受就业市场对办学的意见；对内负责宣传就业形势和政策，建立毕业生就业信息网络，把信息管理技术引入毕业生就业工作，使毕业生就业工作走向信息化、网络化。同时，此部门应建立健全毕业生就业资料库，将用人单位资料和各地毕业生就业政策和要求等信息进行编辑、整理并使之信息化，向学生开放。

就业咨询指导部为学生提供就业相关咨询，对学生进行就业相关培训，举办讲座和个性化咨询与指导，同时帮助学生重点做好职业生涯规划，在与市场开发与信息技术部沟通的过程中，及时了解学生在就业过程中遇到的困难，并给予相应的解决措施。此部门还应负责对全校学生实施全程化就业指导，开设就业指导课，帮助学生四年大学生涯能科学、合理地制定好自己的职业生涯规划，帮助学生成才。业务办理部负责学生就业手续的具体办理，设置此部门是为了更好地为学生办理就业相关手续，为他们实现就业提供方便。

各院系成立的以院系领导为组长，院系相关领导、专职就业人员和辅导员为成员的毕业生就业指导工作小组督促和协调各院系、班级的就业指导工作，帮助和教育学生转变观念，实现早日就业。各院系辅导员在学生就业工作中起主导作用，各院系设立就业指导小组并配备必要的人员和设备等，以调动各院系、各部门及广大教职员工的积极性，形成就业上人人关注、人人参与和人人有责的局面。各学院就业工作的成绩将作为考评学院工作的重要指标，学校对在就业工作中表现突出的学院给予奖励，对在就业工作中表现突出的个人进行奖励，并在职称和职级评定、评优及培训选拔时给予适当考虑。

3.建立公共就业服务制度

一些高校的就业指导都是学生工作部门一家在唱独角戏，力量薄弱，不能有效地整合各种资源。因此，要建立一个能调动多方面力量、整合多方面资源的就业指导机构，把职业指导、就业咨询、生涯规划、软技能培训等工作有效地统一起来。高校要服务社会，就必须关注就业问题。这就要求高校的就业指导工作在创新中不断探索，找准自己的位置，有效地把就业指导贯穿到学生学习的全过程中去，实现全程的就业指导，促进学生健康、全面地发展。

要想有效整合社会教育资源，就要以高校就业指导为重要突破口。但高校就业指导不仅仅是学校的事，当前情况下，可以充分利用和开发四种资源。

一是加强与用人单位合作。高校要主动加强与外界的交流与联系，密切与用人单位的合作，突破地域限制，掌握大量就业信息，这样才有利于对就业市场进行研究和预测。另外，除了为学生争取到专业实习和就业的机会，学校还可以与用人单位共同开发大学生职业素质和职业技能训练课程，聘请用人单位的人力资源经理担任讲师或职业导师。高校在就业管理的过程中，不仅要做好就业信息的反馈、人才市场的预测，还要加强与用人单位的沟通，在紧密的沟通联系中，解决人才的供需矛盾。

二是加强与政府的合作。高校可在政府的牵线搭桥下建立沟通平台，争取有利的政策环境和信息支持。这需要政府进一步深化大学生就业制度改革。比如，应建立鼓励毕业生自主创业的政策，取消户口、指标、社保等"硬杠杠"对毕业生到民营企业就业的限制；进一步贯通毕业生就业市场、人才市场、劳动力市场，规范用人单位的招聘行为。在就业保障方面，政府需要深化制度改革，如将未就业的高校毕业生纳入社会保障体系，建立未就业高校毕业生的失业救助、困难生活补助制度和就业推荐成功奖励制度；出台有关未就业高校毕业生岗前培训资助制度；消除政策壁垒，取消省会及省会以下城市进入指标、户口指标等限制，取消限制高校毕业生合理流动的政策规定等；加强大学生就业信息化建设，加快就业信息服务，建立、健全就业信息网络，建立全国毕业生就业信息交流平台。

三是加快职业介绍中介机构建设。社会要在完善就业市场方面发挥组织协调作用，既要发挥政府的作用，更要发挥市场的作用，加快社会中介组织机构建设，发挥社会中介组织的作用。国家鼓励具备条件的部门、单位建立多种形式的专业化、产业化高校毕业生就业中介市场组织。职业介绍中介机构（职业介绍所）是劳动力市场的外在形式，我国一般称为人才市场。目前这些市场大多有场无市，只是起到提供场所的作用，主要表现为通信手段落后、信息不完备、可供选择的劳动岗位和职业有限。劳动力就业市场化后，相应的措施没有跟上，人们就业依然主要靠自己，仍有很大的盲目性。同时，用人单位的需求也无法通过人才市场或劳动中介机构来解决。反映到高校毕业生就业上，就是学生常常需要花大量的精力去找工作，奔波于各个招聘会或到处应聘，严重影响学业，造成人力、精力、财力的极大浪费。而且由于信息不灵，四处碰壁，大学生在找工作的过程中也容易产生极大的心理压力。

当前就业市场建设的重点应放在强化中介和服务功能上。例如，充分利用现代计算机技术和网络技术，汇集各种就业供求信息，定期发布就业指南，使人才市场或职业介绍所成为能灵敏反映就业市场变化的信息中心；提供就业指导和咨询服务，为用人单位和求职者牵线搭桥；开展岗位培训和再就业培训，为新进入劳动力市场的人员和失业、下岗人员提供服务等。从体制上讲，人才市场或各种劳动就业中介机构应逐步与政府主管部门脱钩，成为独立的按市场机制运行的社会服务组织，以便更好地转变观念，改进服务，在政府的指导下，承担起劳动力就业的中介和服务职能，使劳动力市场真正成为全社会人力资源合理配置的主渠道。

四是加强与校友之间的沟通与联系。校友是做好大学生职业辅导的重要资源，特别是其中的成功人士，他们的建议将对学校改进辅导策略起着不可替代的作用，同时也对学生的发展具有现实的指导意义。

第六章　大学生思想政治
教育机制创新

思想政治教育机制就是思想政治教育过程中的内在工作方式和诸要素的相互联系方式。只有通过一定的方式，才能将思想政治教育的目标逐步转化为受教育者的内在需要和动机，并使受教育者把这种动机转化为行为。因此，教育机制也是达到教育目的的中介和桥梁。

一、管理机制创新

大学生思想政治教育是一个系统而复杂的工程，离不开科学、有效的管理。创新大学生思想政治教育管理机制，对于调节大学生思想政治教育的各种问题、促进大学生思想政治教育目标的实现都十分有利。因此，建设全面、系统、科学的大学生思想政治教育管理机制是非常重要的。

（一）大学生思想政治教育管理机制的特征

1.目标性

目标性是当前大学生思想政治教育管理机制的主要特点之一，它是指大学生思想政治教育管理机制既规定了自身的运行方向和操作指向，也确定了管理活动要达到的结果，是思想政治教育目标的具体化。大学生思想政治教育管理机制的目标包含两个方面，一是直接目标，二是最终目标。

直接目标要求大学生思想政治教育管理机制实现科学化，这集中体现为规范化管理、制度化管理和民主化管理的有机统一。

最终目标要求发挥大学生思想政治教育管理机制的社会效用，也就是要求大学生思想政治教育管理机制在社会主义制度下，能够帮助大学生认清自己在整个社会和教育系统中的主体地位，并调动学生的主体意识，激发学生的潜能，促使学生全面、自由的发展，同时还要保证高校思想文化建设与中国经济建设、民主建设协调发展，进而促使中国社会主义事业的全面发展。

2.功能的整合性

大学生思想政治教育管理机制是一个非常复杂的系统工程，由多种要素共同组成。尽管系统中的各个要素都发挥着各自不同的作用和功能，但在具体运行中则要求它们相互协调、共同作用，以适应思想政治教育管理机制整体功能的要求。因此，功能的整合性也是大学生思想政治教育管理机制的重要特点，它要求思想政治教育工作者明确各构成要素的性质以及各要素之间的辩证关系，并对它们进行综合、有效的协调，进而使它们始终处于最佳的运行状态，最终实现教育目标。

3.复杂性

大学生思想政治教育管理机制还体现出明显的复杂性。形成这一特点的原因主要有以下几个方面：首先，大学生思想政治教育管理工作的对象是大学生，而大学生思想的多元化和复杂性就决定了高校思想政治教育管理机制的复杂性。其次，人的思想观念的形成、思想认知的转变都要经历长期而复杂的过程，而且人在克服旧思想、形成新思想时都要经过多次反复，这些都增加了大学生思想政治教育管理机制的复杂性和难度。最后，随着全球化的不断发展，国际上一些不良的意识形态也在不断渗透和颠覆着学生的思想。所有的这些都决定我国意识形态领域斗争的长期性和复杂性，也决定了大学生思想政治教育管理机制的复杂性。

4.实践的能动性

实践的能动性也是大学生思想政治教育管理机制的一个显著特点。思想政治教育学是引导人们形成正确思想行为的科学，其本身是一个动态的实践过程，具有明显的实践特性，是为实践服务的。所以，大学生思想政治教育管理机制也具有实践的能动性，只有在实践过程中，大学生思想政治教育实效性才能得到彻底的体现。

（二）大学生思想政治教育管理机制的建设与优化

一般来说，大学生思想政治教育的组织领导机制不仅应考虑组织机构的设置和各级教育行政机构的职权划分及其相互之间的隶属关系，还应建立起合理的管理制度与管理结构，这样才能对各种相关要素进行优化整合，促进工作的顺利开展。具体来说，包括以下几个部分：

1.发挥现有组织领导机制的优势

随着改革开放的不断推进，我国大学生思想政治教育持续向前发展，逐步形成了具有中国特色的大学生思想政治教育体制。从宏观上来看，我国大学生思想政治教育体制由以下两个部分组成：

一是以党委为核心的领导体制。即大学生思想政治教育的重要问题、基本任务、工作方针、指导思想等都由各高校党委来负责。此外，各高校党委还应对学生的思想政治教育状况以及思想政治教育的新动向进行定期分析，并制订具体的实施计划与总体规划。

二是与领导体制相适应的党政合一的管理体制。各级党委的职能部门是管理机构的主要参与者，具体的组织实施部门包括团委、学生处、教务处、思想政治理论课教学部、学生工作部、党委宣传部等，队伍管理部门包括人事处、学生工作部和党委组织部。共青团干部、学校党政干部、班主任、辅导员以及思想政治理论课教师是工作队伍的主要组成人员，他们的具体分工有所不同：从生活、学习、思想等方面对学生进行指导的职责由班主任承担；以党委的部署为依据来进行有针对性的管理与日常教育的职责由辅导员承担；对学生进行人文素质教育、思想品德教育和思想理论教育的职责由思想政治理论课教师承担；教育的实施、协调、组织职责由共青团干部和学校党政干部来承担。此外，各高校都对大学生思想政治教育的方式、途径、主要任务、原则、目标、指导思想等进行了明确、严格的规定。

总体来说，现阶段所形成的体制具有十分积极的意义，不仅调动了行政部门和党委的主动性，还有效地提升了大学生思想政治教育的实际效果。不可否认的是，由于世界形势处于不断的变化之中，大学生思想政治教育是一个系统、复杂的工程，不可避免会出现一些不足，如队伍建设受到僵化的管理体制的制约、工作进度受到内部分工的影响、"全员育人"受到了分工体制的阻碍、宏观领导体制有待改革等。在这样的情况下，要想使大学生思想政治教育继续顺利地推进下去，就应对管理体制与领导体制进行进一步的优化。从管理体制方面来看，对执行体制与决策体制进行创新是当务之急。从领导体制方面来看，首先应从省、自治区、直辖市层级提高对大学生思想政治教育的重视程度，设立专门机构、抽调专门人员，将其向中央部委进行信息反馈、任务落实的功能充分发挥出来，有效在高校与中央之间进行上传下达，并对高校进行及时、适当的督查与指导。从各高校内部来看，应继续保持党委领导下的校长负责制，由教育部来对校长的责任范围予以明确。

2.构建三维决策系统

大学生思想政治教育工作能否顺利推进往往受到很多因素的影响，其中决策是否科学就是一项不容忽视的影响因素。如果决策欠科学，则教育效果会大打折扣；如果决策科学合理，则教育效果会事半功倍。

一般来说，决策是否科学主要取决于三个方面的要素，即视野是否开阔、指导理论是否科学以及是否抓住主要矛盾。因此，在对这些因素进行综合考虑的基础上，应构建大学生思想政治教育的三维决策系统。

第一，要构建决策咨询系统。决策咨询系统是第一个维度，其成员来自以下三个方面：一是毕业生代表和用人单位代表。毕业生代表是以往大学生思想政治教育的体验者，用人单位代表则是高校学生培养质量的检验者，他们的意见可为决策提供重要参考。二是基层思想政治工作者和相关领域的校内外专家。不论是校内的基层思想政治工作者还是在大学生思想政治教育领域具有多年经验的校内外专家，他们都对大学生价值观念形成与发展的基本规律以及大学生思想政治教育有较深刻的认识，因此他们的观点与看法往往来自实践，具有更强的针对性。三是在校学生代表。作为教育对象和服务对象，在校学生代表是大学生思想政治教育的直接对象与直接利益相关者，他们对相关问题有自己的切身体会，他们的感受是进行工作反馈的重要依据。

第二，要决策信息系统。决策信息系统由多个要素组成，如信息工作制度、信息传输手段、信息工作机构、信息工作队伍、信息源等。决策信息系统的作用在于为大学生思想政治教育提供信息的传递、存贮、加工、收集等相关服务，让教育对象、教育执行者与决策者进行有效的沟通。具体来说，担任信息传输任务的人员主要包括班级信息员、院系信息员、学校学生工作部门信息员以及学校党委信息调研秘书等。为有效提高对信息的加工利用能力，高校应对信息系统进行持续的改进与调整，从而为大学生思想政治教育的科学决策提供有力保障。

第三，要决策中枢系统。决策中枢系统承担着决策、指挥与领导的职责，是拥有决策权的领导所组成的领导核心。正是在决策中枢系统的领导下，决策咨询系统与决策信息系统的工作才得以顺利开展并服务于决策中枢系统，可见三个系统之间是相互配合的。

决策中枢系统是高校党委的代表，应对高校的德育工作状况与学生思想状况展开定期分析，对相关的政策、任务、方针、思想等展开相关研究，并在对信息进行汇总的基础上制订总体规划。需要特别说明的是，决策中枢系统应实行集体决策制，而决策实施的后果也应由集体来承担。

3.促进组织领导机制的创新

科学的决策离不开良好的组织领导体制，否则将难以取得理想的效果。近年来，高校的教学管理模式不断创新与变革，特别是学分制的推广使学生与某个班级、院系之间的隶属关系不再那么明显。在这样的情况下，大学生思想政治教育的组织领导机制也必须进行相应的调整与变革，具体可从以下几个方面入手：

首先，为进行资源的有效共享与整合，可在各高校之间建立起若干院系间的横向联合，使学生事务能够实现有效的沟通。高校职能部门可对各院系中的分散资源进行重组，对结构进行优化，从而实现资源的优化配置。特别是工作内容较为庞杂，需要多个院系参与时，这种体制可对学生的需求做出快速反应，实现各种资源、人员之间的有机配合，将工作效率提高至一个新的水准。

其次，一些高校的学生人数较少，为提升管理效果，可将管理层次予以减少，将管理范围予以拓展，对中间管理层进行弱化，即采取扁平化运作模式。具体来说，可依据职能的具体分工来成立学生活动中心、学生服务中心、就业指导中心、生活指导中心、心理咨询中心、思想指导中心等，为学生的生活、思想与学习提供直接的建议、指导与服务，使学生的就业问题、生活问题、心理问题、思想问题等得到及时有效的处理与解决。相关组织机构不再出现在院系一级，这就使现行的三级管理体制简化为二级管理体制。

最后，高校可尝试建立起功能专一的新机构，这一机构由与学生教育管理相关的原有部门、科室重组而来。高校可以建立负责社会实践与校园文化的学生活动中心、负责医疗保险与健康预防的健康服务中心、负责咨询服务与心理教育的心理咨询中心、负责人生规划与职业指导的就业指导中心、负责日常行为与宿舍生活的生活与行为指导中心、负责学术咨询与学风建设的学习辅导中心、负责学籍管理与招生的招生注册中心等。此外，高校还可根据具体需要来建立思想政治教育中心、勤工助学与经济资助中心等。院系层级既可单独设立中心，也可将若干中心合并在一起，与学校各中心的职能进行对接。这样的体制有利于在学生事务管理中实施互不重叠、互不交叉的职责单一的管理模式，能够使上下一条线，实现左右协调、主从分明的管理效果，使机制的整体效能充分发挥出来。

二、保障机制创新

大学生思想政治教育的保障机制是大学生思想政治教育机制的子系统，指的是为实现大学生思想政治教育目标，通过大学生思想政治教育系统内部起保障作用的各要素之间的相互制约、相互作用，构建而成的工作方式及管理规范等，具体包括思想保障、队伍保障、物质保障以及环境保障等。

各高校经过多年的思想政治教育工作，基本建立起了相应的教育保障体系。但随着国内外社会环境的变化、高校办学规模的变化、大学生思想观念的改变等，大学生思想政治教育也要随之发生变化。因此，在社会不断变化的大背景下，我国必须加强对大学生思想政治教育保障机制的建设和优化，从而使大学生思想政治教育体系更加规范和完善。

（一）大学生思想政治教育保障机制的特征

大学生思想政治教育保障机制既属于教育问题，也属于管理问题，因此它既有一般社会保障机制的特征，又有其自身的特征。

1.主体性

大学生思想政治教育保障机制呈现出明显的主体性，其以先进的教育理念为指导，十分重视学生在教育中的主体地位，而且非常注重调动教师和学生的积极性和创造性。这是因为为保障大学生思想政治教育的有序进行，大学生思想政治教育保障机制就要坚持教师和学生的双向互动，如果缺少任何一方的参与，教育活动就无法有效、顺利地进行。

2.协调性

大学生思想政治教育保障机制是作为整个大学生思想政治教育机制中的一个子系统而存在的。合理、有效地处理各个系统之间的关系，确保自身与院校各项工作的协调发展，是大学生思想政治教育保障机制的重要任务和职能。大学生思想政治教育与社会主义精神文明建设有着密不可分的关系，而大学生思想政治教育保障机制能有效搭建起学校道德教育与社会主义精神文明建设之间的桥梁，从而使道德教育、政治教育以及思想教育相互统一、协调发展，进而促使学生的思想政治素质得到全面发展。

3.整合性

大学生思想政治教育保障机制本身是一个复杂的系统，要想保证该系统处于最佳的运行状态，实现教育目标，就要对整体系统（包括内部工作系统和外部系统）进行协调。所以，整合性也是大学生思想政治教育保障机制的重要特征之一。一方面，为了保障系统内部的稳定运行，就需要对系统内部各构成要素进行协调、整合，确保机制按照既定方向良好运动；另一方面，大学生思想政治教育保障机制并不是独立运行的，而是一个开放的系统，与外部的要素也有着密切的关系，所以也要不断协调与外部各要素之间的关系，进而取得最佳效果。

（二）大学生思想政治教育保障机制的创新

大学生思想政治教育过程中的保障机制能够为教育工作的开展提供有效的保障，因此需要重点关注。大学生思想政治教育保障机制的创新主要包括物质保障机制的创新与环境保障机制的创新两个方面。

1.物质保障机制的创新

大学生思想政治教育的物质保障是教育工作顺利进行所必需的基本物质条件，其创新的途径主要包括以下三个方面：

（1）进行基本设施建设

如果缺乏必要的设施、设备与场所，大学生思想政治教育就无法顺利进行。

第一，提供活动场地。进行大学生思想政治教育时，常常需要开展各种活动，如座谈、报告、讲座等，因此就离不开报告厅、会议室等活动场地。此外，当举办一些大型活动时，还需要一些空间较大的室外公共活动场地。

第二，加强宣传场所建设。网络中心、校园广播站、校园电视台、宣传栏、文化长廊、校报等传播媒体是大学生思想政治教育的重要宣传阵地，应加强宣传场所的建设。

第三，开辟更多的办公场所。在过去的很长一段时间，办公室都是由若干班主任、辅导员共同使用的，当需要与学生沟通思想时就往往受到客观条件的限制，所以应开辟出专门的办公场所。此外，就业指导、心理辅导等方面的工作量也呈现出逐年增加的趋势，这也要求开辟更多的办公场所。

第四，配备必要的办公用品。在当前的形势下，大学生思想政治教育的形式逐渐变得多样化。因此，为便于资料存档，也为了提高教育活动的实效性与趣味性，应配备必要的办公用品，如电脑、打印机、录音笔、摄像机、照相机等。

（2）加大经费投入力度

大学生思想政治教育需要更多的政策扶持与资金投入。高校相关部门在日常管理中应加大对思想政治教育的财政投入力度，为其编制专门预算，并采取多种方法保障预算落实到位。具体来说，除日常办公经费外，奖励基金、科研经费、教育培训费、活动费用、基本建设费等都需要得到资金上的支持。

第一，为了对大学生思想政治教育中涌现出的先进事迹、先进个人、先进集体进行表彰，应设立专项奖励基金，从而调动更多参与者的积极性。

第二，大学生思想政治教育不是一成不变的，必须随着形势、环境的变化进行相应的调整。在这样的情况下，提供必要的科研经费有利于思想政治教育工作不断创新，在理论研究、实践调研等方面都取得突破性进展。

第三，大学生思想政治教育离不开思想政治教育工作者的参与，而他们的工作能力、知识水平对教育效果往往具有重要影响。因此，应经常性地组织教师参加相关的专题培训会、交流会与研讨会，这也离不开经费支持。

第四，为了实现更好的宣传效果，大学生思想政治教育常常需要举办社会实践活动与宣传教育活动，没有必要的经费支持是不可能完成的。

第五，高校应将思想政治教育过程中的基本建设纳入院系的总体建设规划之中，并为其编制专项预算经费，从而为大学生思想政治教育的顺利进展创造良好条件。

为了保障经费来源，高校应探索、建立多渠道的经费投入机制。一方面，可加大资金投入的力度；另一方面，为了有效弥补经费不足的问题，还可多形式、多渠道地募集资金。

（3）进行活动基地建设

近年来，社会主义市场经济体制不断完善，社会与高校之间的联系越来越密切，这为大学生思想政治教育创造了良好的条件。在新形势下，对大学生开展思想政治教育应摆脱原有思维定式，将眼光投放到更加广阔的背景中，对各种社会性活动基地进行充分利用，深化教育内容，丰富教育方法，拓宽教育渠道，提高教育效率。

第一，加强素质拓展基地建设。素质拓展不仅有利于身体素质的提升，还能有效调动参与者的积极性。此外，在参加素质拓展的过程中，参与者之间通过相互合作还能提升人际交往能力，培养战胜难关的勇气。各种形式的大学生素质拓展基地应得到高校及各级教育主管部门的大力支持。

第二，加强培训基地建设。为全面提升师资培训的实效性与针对性，教育部、各级教育行政部门应建立培训基地。需要注意的是，建立培训基地时应对当地的实践优势、师资优势、学科优势等进行综合考量，从而为思想政治教育工作输送更多的优质教育资源。

第三，加强爱国主义教育基地建设。爱国主义教育基地是对广大青年学生进行社会主义教育、集体主义教育、爱国主义教育的场所，旨在通过历史文化知识的传播来增强他们爱党爱国的意识。高校应对爱国主义教育基地进行充分利用，通过基地提供的建筑、文字、图片、影视资料、音频资料等引导大学生树立正确的价值观。需要特别说明的是，在重大历史纪念日与节假日组织参观访问活动往往能取得更好的教育效果。

第四，加强社会实践基地建设。参加社会实践对于从整体上提升大学生的素质具有十分积极的意义，也是广受大学生欢迎的教育方式。高校、各级教育行政部门应建立勤工助学基地、社区活动基地、部队活动基地、科研实践基地等不同类型的实践基地，为大学生的社会实践创造良好条件。

2.环境保障机制创新

大学生思想政治教育的效果还在很大程度上受到社会环境与高校文化气氛的影响。因此，应从社会环境建设与校园环境建设两个层面入手来对环境保障机制进行创新。

（1）进行社会环境建设

社会环境既可能为大学生思想政治教育带来良好的天然土壤，也可能为大学生思想政治教育带来破坏性影响。因此，建立良好的舆论环境与社会文化环境、确立正确的舆论导向、搭建和谐的人际关系与社会环境、丰富社会的人文关怀就是对大学生思想政治教育最大的支持。

第一，构建和谐的人际关系。人际关系的范畴很广，既包括社会关系、工作关系，又包括家庭关系。其中，社会关系又包括与国家的关系、与社会的关系、与集体的关系、与他人的关系等。如果人与人之间能够融洽相处、友爱诚信，家人之间能够相互尊重、相互关爱，不同部门、不同地区之间能够形成公正、公开、公平的有序竞争，则人际关系就是和谐的。因此，应建立起能促进人际关系和谐、社会良性运转的机制，如生态环保机制、社会管理机制、利益协调机制等，从而有效化解人际矛盾。

第二，确立正确的舆论导向。为使思想政治教育体系深入人心，应营造良好的思想舆论氛围，充分利用社会科学、文学艺术、广播影视、新闻出版等媒介的导向作用来为和谐社会的构建创造思想理论基础。具体来说，应坚决维护党对舆论工作和新闻事业的绝对领导，充分发挥思想政治教育对社会思潮的引领作用，建立起为思想政治教育服务的舆论保障机制

第三，构建和谐的社会环境。应在全社会范围内积极推进和谐文化创建活动，将思想政治教育和精神文明建设有机结合在一起。应调动广大人民群众的参与热情，充分运用各种手段加大对中华优秀传统文化与社会主义核心价值观的宣传力度。同时，应加强作风建设，创建活动平台，用群众喜闻乐见的形式开展工作。

第四，发扬浓厚的人文关怀。纵观人类社会的发展历程，人不仅是手段更是目的，因此所有的工作都应将人的发展作为最终落脚点。换句话说，坚持"以人为本"的方针，改善人类的生存状态，实现人的全面发展是一切工作的出发点与落脚点。因此，应将实现好、维护好、发展好最广大人民的根本利益置于应有的高度，并将其作为一项基本原则来对工作进行统筹安排。

（2）进行校园环境及周边环境建设

在大学生的日常生活与学习过程中，校园环境与周边环境是他们接触最多的，因而对他们的影响也是巨大的。为加强大学生思想政治教育，应对校园环境及周边环境的建设给予充分重视。

第一，校园环境建设。校园环境建设是一种特殊形式的社区文化建设，它

将制度文化、物质文化与精神文化有机结合在一起，对广大青年学生价值观的形成产生潜移默化的影响。同时，校园环境建设又是一项系统工程，需要协调各方面的力量。近年来，很多高校在进行校园环境建设时都对校园环境的教育功能、审美功能、使用功能等进行了综合考虑，旨在通过优美的校园环境来净化大学生的心灵，陶冶他们的情操，培养他们关爱他人、关爱社会、关爱自然的意识。小到花草树木、景点设计，大到校舍建设、校园规划，很多高校都融合了文化传统、集体舆论、精神面貌等因素，旨在创建一个生机勃勃的育人环境。为了更好地将学风、教风、校风、校训的引导与激励作用发挥出来，有的高校在对道路、教学楼命名时别树一帜。还有一些高校在校园长廊中对健康向上的文化以及党的路线、方针、政策、理论等进行宣传，营造了浓厚的校园文化气氛。

为了有效激发学生热情，提高学生的综合素质，同时营造良好的学风，增强校园学术氛围，很多高校开展了与学生特点相一致、与时代特征相吻合的社会活动，如文艺汇演、数学建模大赛、辩论比赛、演讲比赛、校园歌手比赛、书画摄影展、读书论坛、学术报告会等，为大学生思想政治教育工作塑造了良好的校园环境。

第二，周边环境建设。除了营造良好的校园环境，加强校园周边环境建设也是十分必要的。各级政府应将校园周边环境的优化作为重要的工作任务，对学校周边的商业、娱乐、文化经营活动进行依法管理，对干扰高校正常生活秩序、工作秩序的娱乐活动依法取缔，努力抵制非理性文化、低俗文化以及腐朽文化、消极文化对校园文化的侵扰，为大学生思想政治教育创造有利条件。

三、评估机制创新

评估是任何教学都不可或缺的重要环节，对大学生思想政治教育来说也是如此。大学生思想政治教育不能缺少检测和评估环节，否则将无法正常调控和实施。因此，对大学生思想政治教育评估机制进行优化创新，一方面可以有效检测和推动教育的正常进行，另一方面也可以增强学生的责任感，使他们更加积极地学习。

（一）大学生思想政治教育评估的方法

1.调查评估法

所谓调查评估法，就是通过问卷调查等方法对大学生思想政治教育进行评估的方法。调查评估法从对评估对象进行调查研究着手，体现出明显的调查特色。这一评估方法具体包含以下两种形式：

第一，调查法。作为调查评估的一种重要方法，调查法主要是通过向被调查者发放问卷的方式，来直接对被调查者的思想政治水平、思想政治观点等进行测试，并将评估的结果作为大学生思想政治教育开展的依据。抽样调查是调查法最常采用的一种方法，适用于较大范围的评估对象。

第二，实地考察法。相较于调查法，实地考察法是一种更为直观的评估法，其比较注重感受性。评估者往往要直接深入大学生思想政治教育的第一线，对教育的过程、环节和效果进行实际考察和调研，详细了解教育主体的思想和工作、教育客体的学习和生活情况，进而获得对评估对象的直观感性认识。查阅资料、听取汇报、访问座谈是实地考察最常采用的方法，可从看、听、问等方面直观了解评估对象，进而获得详细、真实的材料。

2.分析与综合法

掌握科学的思维方法是对大学生思想政治教育评估进行科学判断的依据。所谓科学的思维方法,即辩证思维的方法,其中归纳与演绎、分析与综合发挥着重要的作用。归纳这一思维方法是指从个别事物出发而得出一般的结论;演绎这一思维方法是指从一般的原理出发而得出个别的结论。分析和综合在归纳和演绎中起着重要作用。分析是指在事物或现象的整体中分解出事物的基础和本质。综合是指将分解的各个部分、本质等加以综合使之成为一个整体。

由此可知,只有对大学生思想政治教育进行全面的辩证分析,才能得出科学的评估结果。在具体的评估过程中,要将大学生思想政治教育这一整体分为各个部分,既要分析教育目的、动机、实施方法,也要分析教育效果、社会作用、学生的素质水平;既要分析教育所取得的成绩、经验,也要分析教育中存在问题;既要分析教育的主要方面,也要分析教育的次要方面。在具体分析的基础上,再进行综合分析,从而形成对大学生思想政治教育效果的整体性认识。

3.比较法

比较法是指对具有某种联系的不同事物或同一事物的不同方面进行对比,以分析和了解它们之间的共性和区别,进而得出科学的结论。这种方法常用于自然科学和社会科学中,现在也成了对大学生思想政治教育进行评估的一种重要方法。

4.自我评估与他人评估相结合

自我评估实际上也是一种自我总结,可以是个人的,也可以是单位的。他人评估是与自我评估相对的,如上级对下级的检查评估,督导系统的督导评估,专家、同事的评估,同学、家长的评估等都属于他人评估。

在大学生思想政治教育评估中，应将自评和他评相结合，即将两种评估结果进行整合，也就是将两个不同的评估结果进行对比分析、综合研究，进而得出评估结果。

5.定性分析法

从唯物辩证法的观点来看，任何事物都是质与量的统一。对此，在对大学生思想政治教育进行评估时，可以采用定性分析法来确定大学生思想政治教育的质。

定性分析法是大学生思想政治教育评估的重要方法，通过这一方法，可以明确大学生思想政治教育质的规定性，具体可通过好与坏、先进与落后等来表述。但这种方法的缺点是缺少数据支持，对大学生思想政治教育评估不够深刻，难以反映大学生思想政治教育评估的质量，因此需要定量分析法来进行补充。

6.定量分析法

根据上述内容，仅评估大学生思想政治教育的好与坏、有无价值等是远远不够的，还需要了解好的程度、价值的体现程度等，也就是要使大学生思想政治教育评估更加深化和精确化，这就需要进行定量分析。

大学生思想政治教育评估的定量分析，主要是从数字方面对它的作用大小进行评测，这种评测可通过等级的数量概念来说明。例如，可以通过优、良、中、差，负价值、零价值、有价值、很有价值，很落后、落后、先进、很先进，负效果、零效果、有效果、很有效果等反映数量程度的概念来表述。

在实际的大学生思想政治教育评估中，应将定性分析与定量分析结合起来，这样才能使大学生思想政治教育的评估更加客观和科学。

（二）大学生思想政治教育评估的具体内容

1.思政课程教学评估

大学生思想政治教育课程是现代课程中最能充分体现意识形态的课程，选择什么样的课程内容和学习经验，以及用什么组织形式对这种课程内容和教育经验进行组织，直接关系到党和国家意识形态的主导性和课程的方向性问题。当前高校思政课程形式多种多样，包括显性思政课程和隐性思政课程、学科思政课程和活动思政课程、直接思政课程和间接思政课程等。思政课程的复杂性给思政课程教学评估带来了困难。因此，如何对大学生主体课程教学进行正确、恰当的评估，已经成为当前大学生思想政治教育所面临的一个重要问题。

2.大学生思想政治教育的实施评估

当代大学生思想政治教育实施过程是教育者和受教育者通过一定的方式和途径与现代课程发生一定的矛盾运动的过程。要想知道在这个过程中是否体现了德育的特点，是否具有一定的育德性，就必须对教育者活动、受教育者活动及其活动的方式进行评估。

（三）大学生思想政治教育评估机制的创新

1.大学生思想政治教育评估主体的创新

（1）内部评估

内部评估是指高校内部自行组织的评估工作。高校负责对本校各院系、各部门的大学生思想政治教育实施情况定期进行检查和评估。通过自我评估机制的运作，因材施教，不断提高大学生思想政治教育的水平和效果，是加强大学生思想政治教育的重要手段。内部评估的创新需要注意以下几点：

首先，专门成立由校内党政班子成员组成的评估领导小组，实施全面的思想领导、组织领导和业务领导，这是校内评估机制正常运行的根本保障，具有特别重要的现实意义。

其次，加强评估队伍制度化建设，优化评估队伍结构，建立老中青相结合、专兼职相结合的制度。评估承办部门负责对评估人员的选配和管理，要对他们进行定期培训，建立评估队伍数据库，发挥评估队伍的最佳效能。

最后，加强评估反馈机制。教育行政部门和评估机构是构建评估反馈机制的主体。评估反馈机制要具有开放、互动的特性，要增强评估的公正性，提高评估机制的效率，使教育评估在教育主管部门、学校、师生、家长及社会各界人士之间实现互动，使自查、互查、他查相结合，随机与预告相结合，专项与常规相结合的评估方式得以常态化，在不断的反馈过程中完善和发展长效评估机制。

（2）外部评估

外部评估是指由教育主管部门、社会中介机构等组织的评估工作。大学生思想政治教育要想由虚变实、由软变硬，外部评估机制的运作是重要措施。

首先，按国家教育主管部门有关高等学校思想政治教育的要求对大学生思想政治教育实行两级评估。各省、自治区、直辖市教育行政部门负责对当地各高校思想政治教育实施情况进行定期检查、评估和奖惩。

其次，国家级相关教育部门或专家组对高校进行不定期督促、检查、评估。主要围绕中央关于加强和改进学校思想政治教育的意见或相关要求进行。评估内容主要包括：第一，领导体制、机构和队伍建设情况；第二，"两课"建设情况、日常思想政治教育工作开展情况、党团工作和学生会工作情况；第三，思想政治教育投入情况；第四，学校思想政治教育的总体效果。

2.大学生思想政治教育评估内容的创新

随着时代的进步，人们对大学生素质的要求也越来越高，对思想政治教育内容的评估也日益全面，不仅要评估教师的教，还要评估学生的学；不仅要评估教育活动的结果，还要评估教育活动的过程；不仅要评估学生智力方面的发展，还要评估其在情感、意志、人格等非认知因素方面的发展；不仅要评估校内思想政治教育的指导思想、方法、途径、内容和环节等，还要评估学校整体环境、家庭、社会等外在因素对大学生思想政治教育的影响。

通过全面评估，思想政治教育工作者可以及时获得反馈信息，了解思想政治教育活动中存在的缺陷和不足，不断地改进、完善自己的教育活动，使教育活动更好地为学生的发展服务。

3.大学生思想政治教育评估指标体系的创新

在大学生思想政治教育实践中，用笼统的总目标直接对评估对象进行价值判断是很困难的，需要将总目标分解成具有可操作性的子目标。构建大学生思想政治教育评估指标体系，应遵循以下具体要求：

第一，评估指标必须与大学生思想政治教育的总目标相一致。评估指标作为教育目标的反映，必须与教育目标保持一致，否则就会把评估工作引入歧途。具体而言，一是评估指标的方向必须与教育目标的方向一致，不能出现与教育目标相悖的情况；二是各指标应保持一致，不能把相互冲突的评估指标放在同一评估系统中。

第二，评估指标要有相对独立性。指标体系内的各项指标都应有自己特定的内涵，应相互独立，互不包含。如果指标不独立，存在两项或更多项重复的指标，就会在实际操作中出现重复操作的情况，会增加评估的工作量，造成人财物方面的浪费，影响评估工作的效率和科学性。①

第三，评估指标要有可测性和可比性。评估指标所评估的内容能够通过实际测量，获得确切的信息，经过分析得出明确的结论，并且测量的结果可以进行比较。

第四，评估指标要有可接受性。评估指标应当符合受评者的实际状况，能为受评者所接受，应尽力将思想政治教育工作评估指标合理分解为数值化的标准，以定量为主，同时辅以定性的方法，使其既简明易行又突出重点，既不抽象空泛又不人为复杂化。同时，可以通过分类标识、定期报送和数模处理等方式，尽可能减少现场评估的工作量，减少受评对象的"迎评"工作量，真正体现和谐评估的理念。

---

① 王绪成：《生态观视阈下思想政治教育研究》，河北人民出版社，2018。

第七章　大学生思想政治
教育方法创新

当前，大学生思想政治教育方法已经形成了以认识论为逻辑基础的思想政治教育方法体系。现有的这一体系较好地指导了大学生思想政治教育方法的理论研究和实践发展。但是随着社会的进步，原有的方法体系也应该进一步地更新与完善，以适应社会发展的步伐。总体上说，就是要对原有方法进行调整与归类，进而进行删减、更新，增添一些适应时代要求的方法，使当代大学生思想政治教育方法的结构更加合理。

一、构建"课程思政"协同教育体系

2016年12月，习近平总书记在全国高校思想政治工作会议上指出："要用好课堂教学这个主渠道，思想政治理论课要坚持在改进中加强，提升思想政治教育亲和力和针对性，满足学生成长发展需求和期待，其他各门课都要守好一段渠、种好责任田，使各类课程与思想政治理论课同向同行，形成协同效应。"[①]但就目前情况来讲，一些高校存在思想政治理论课教师"单打独斗"的现象。所以，高校应当想办法将思想政治教育融入各专业学科，构建专业课程

---

① 《习近平在全国高校思想政治工作会议上强调把思想政治工作贯穿教育教学全过程开创我国高等教育事业发展新局面》，载于《人民日报》2016年12月9日第1版。

与思想政治教育同步发展的教育体系。

（一）目前高校思想政治教育的困境

就调查了解的情况看，一些高校的思想政治理论课程与专业课程依然是"两张皮"。一方面，思想政治理论课一味地向学生灌输政治理论知识，完全不顾学生的自身需求，导致学生上课没有积极性，学习效果较差；另一方面，专业课程又特别"专"，教师上专业课只是依照课本简单复述专业知识，很少有教师将专业课讲得有温度、有感情，这会导致学生对专业课缺乏兴趣。如果专业课与思想政治理论课不能形成交叉和互补的关系，就很难形成合力。

要解决这一问题，高校就必须从学生自身情况出发，改革创新思想政治教育体系，构建思想政治理论课与专业课协同育人体系。

（二）思想政治教育的改革措施

将思想政治教育融入各科教学，是一项任重而道远的工作。一是高校要从全校的办学理念、办学宗旨和人才培养目标出发，确保中国特色社会主义办学方向。二是要从思想政治理论课教学改革和专业课教学改革两方面入手，构建思想政治理论课与"课程思政"协同教育体系。三是教务处、学生处、各院系要相互配合，在教学工作中共同构建"全程育人"体系。

1.改革思想政治理论课相关制度

高校思想政治理论课是对大学生开展思想政治教育的主渠道、主阵地，需要进一步强化育人功能。首先，遵从思想政治理论课建设准则，以《高等学校思想政治理论课建设标准（2021年本）》为教学准则，完善好备课、听课制度，严格把控教学内容及教学质量。其次，修订思想政治理论课教学大纲，由思想政治理论课教师对教学目标、教学内容、教学手段、实践课程以及思想政治教育在课程体系中的定位进行重新审视与考量，对每节课的内容进行分析，提升理论高度。再次，理论联系实际，要求教师用书本理论分析现实生活，引导学生将所学理论应用到实践中去，强化学生的社会责任感，提升政治敏感度，正确处理各种问题。最后，使用调节测评的方法检测教学成果。如果不重视反馈测评，部分教师可能会存在侥幸心理，不注重教学的实际效果。可以说，没有调节测评环节，思想政治理论课就很难开展下去。

2.创新思想政治理论课教学体系

首先，推进教学模式的创新。思想政治理论课一定要以党建内容为指导，重视发挥党员教师的先锋作用，举办先锋讲坛，为广大师生展示优秀劳模案例，同时也要注意将中华优秀传统文化融入教学，用儒家文化解读政治思想，从而提升课堂的吸引力。其次，开设试点课程。开设的试点课程包括上海大学的"大国方略"、同济大学的"中国道路"、华东政法大学的"法治中国"、上海对外经贸大学的"人文中国"等。开设这些课程有利于坚定大学生对中国特色社会主义的道路自信、理论自信、制度自信、文化自信，不仅能够帮助学生全面了解国家，增强民族自豪感，而且开阔了学生的视野，引发了学生的政治思考。

3.建立思想政治理论课与"课程思政"协同教育体系

"课程思政"充分体现了每门课程的育人功能和育人责任，各高校应以具体的专业课程为载体，提高全体教师思想政治教育的主动性，改变专业教师"只教书不育德"、思想政治理论课教师单兵作战的状况，加强"课程思政"建设。一是加强专业课教师的思想政治教育，确保专业课教师与思想政治理论课教师同向同行，在教学中坚持马克思主义科学立场，杜绝传授封建迷信思想。二是从人才培养方案、专业课程的教学大纲、教案、课堂教学和课程考核等角度提出全面要求，深入挖掘专业课程的思想政治教育元素，强化思想政治教育功能，构建思想政治理论课与"课程思政"相协同的教育体系。三是提高专业课教师的政治敏感度，坚持原则，把握方向。

4.强化监督和考评机制

首先，高校应组织督查队伍，旁听各类课程的课堂教学，在学生评教活动中，设立思想政治教育评教项目，从教学层面对"课程思政"提供机制保证，督促教师坚持正确的立场。其次，教学管理部门应以教学水平评估或专业认证为依托，将思想政治理论课的具体开展情况作为教学评估的重要内容，将开展成功的优秀案例筛选出来供学校师生学习，并且对这些优秀教学成果进行奖励，提升教师教学的积极性。再次，建立相关指导部门，即学校思想政治教育指导部门。只有学校的各个部门相互配合，共同探究，才能强化思想政治理论课与"课程思政"的协同效应。只有全校师生共同努力，才能深入推进"课程思政"与思想政治理论课的协同教育。

"课程思政"与思想政治理论课协同教育体系，是一场长久且意义深远的教育改革。[①]高校思想政治理论课建设应当结合当前学生特点与社会经济发展实际情况，密切思想政治教育工作者与广大师生的关系，紧追时代潮流，用科学的手段与先进的教学方法，为整体推进高校思想政治工作提供支持。

二、开展多样化的社会实践活动

社会实践是思想政治教育的重要组成部分，实践内容、参与形式及活动场所等都会对参与社会实践活动的主体——大学生产生思想、行为等多方面的影响。一方面，社会实践将教育对象由被动转变为主动，激发了实践主体

---

① 刘森：《新时期大学生人生观教育探索》，中国水利水电出版社，2015。

参与社会实践的主动性和积极性，提供了创造性空间；另一方面，实践参与者将理论与实践相联系，增加了思想政治教育的生动性，有利于实践教育目标的实现。

（一）社会实践与思想政治教育的关系

1.社会实践是思想政治教育的重要载体

思想政治教育载体是思想政治教育主体所运用的，能够承载和传递思想政治教育的内容或信息，促使思想政治教育主体和客体之间相互作用的一种活动形式或物质实体。

社会实践活动具备了思想政治教育的条件和要求。首先，社会实践被思想政治教育主体当作教育的载体，广泛应用；其次，社会实践活动承载和传递了思想政治教育的内容；最后，社会实践使主体学生与客体实践活动之间产生了相互作用。学生参与社会实践是相互作用的过程，一方面，社会实践为主体提供了实践场所；另一方面，社会实践作为教育的形式和载体使实践主体在参与实践过程中，实践体验更加丰富，对理论的认识不断深化，从而为思想政治教育目标实现提供了载体。①

2.思想政治教育为社会实践提供价值导向

由于社会实践活动是在校外开展的，大学生在参与社会实践活动过程中思想意识在不断变化，因此需要对大学生参与社会实践进行长期引导。

思想政治教育为社会实践提供价值导向主要体现在以下两个方面：首先，思想政治教育为社会实践提供了方法论引导。高校在做大学生思想政治工作

---

① 张春丽：《践行科学发展观加强高校思想政治教育》，《牡丹江医学院学报》2009年第4期。

时，要坚持马克思主义方法论指导，坚持一切从实际出发，实事求是。思想政治教育作为一种理论依据，可转化成方法论，为大学生社会实践活动开展提供具体的内容、方法、手段等方面的指导。其次，思想政治教育为大学生社会实践提供认识论指导。大学生参与社会实践活动可能会受到不良实践环境的影响，产生消极以至错误的思想和行为，继而影响实践活动开展的实际作用和效果。所以在实践过程中，更应该将科学的认识论作为实践的指南，减少错误思想观念对学生的消极影响。

3.社会实践与思想政治教育目标具有一致性

思想政治教育内容随着社会实践的深化而改变，并随着社会实践的发展转变其内容、形式、手段。社会实践活动可以充分发挥思想政治教育的主动性、积极性，不仅能够提升实践者对思想政治教育理论知识的理解和掌握，而且能够提升实践者的身体素质、政治素质、道德素质等。当教育对象掌握一定的思想理论、道德意识、政治观念，实践主体就会以思想指导社会实践的方向，在实践中达到思想政治教育的目的。由于社会实践和思想政治教育都能达到教育目标，因此既要重视实践的作用，也不能忽视思想政治教育理论的指导，应保证社会实践能够朝着积极的方向发展，实现预期效果。

总而言之，高校思想政治教育关注学生的全面发展，而社会实践作为高校实践教育重要的组成部分，同样关注学生综合素质的提升。由此可见，思想政治教育与社会实践的目标是一致的，我们应该认识到二者的内在联系，使之相辅相成，相互促进。

（二）大学生社会实践创新路径

1.加强和完善组织管理

首先，加强组织管理机制的规范化。建设社会实践的各项措施需要规范的组织管理机制来保证落实到位。建立这种机制就是要确定社会实践的目标，明确学校组织系统中各部门（如团委、宣传部、教务处、人事处、科研处、各院系等）在大学生社会实践中的职责。需要指出的是，校团组织要勇于放权，一切只要有利于社会实践活动有效开展的，都应该大胆去尝试。[①]在具体的实践活动中，要注意把活动的"点""线""面"相结合，既要重视社会实践的"点"和"线"，把某一类实践活动搞得有声有色，又要关注面向学生个体的社会实践活动。同时，也应在社会实践主题的确定、实践方式的选择、具体实践活动的实施、实践报告的撰写等方面给予学生有效的指导，并明确提出关于实践的具体要求。

其次，丰富大学生社会实践的形式和内容。社会实践要形成自身的特色和品牌，既有利于实践活动的稳定开展，又不断迈向新台阶。要充分考虑地方的需要，大力开展多种人民群众迫切需要的服务活动，如支教、法律援助活动等，也可以采取不同的活动形式，如社会调查、生产劳动、志愿服务、公益活动等，但一定要深入下去，不能浅尝辄止，做表面文章。要有不怕吃苦的精神，如做农村社会调查时，完全可以到田间地头访问，采写实实在在的数据，了解劳动者真正的心声，掌握第一手资料。大学生只有切实感受到社会最真实、最有用的东西，才能真正有所提高。

最后，完善大学生社会实践的监督、考核评价机制。高校社会实践的对象

---

① 徐柏才：《大学生思想政治教育的探索与研究》，华中师范大学出版社，2008。

是全体大学生。因此，要建立真正对广大学生起激励作用的实践考核评价机制，把社会实践成绩记入学分。另外，可考虑建立社会实践资信证书制度，把参与社会实践的质量与学生将来的就业挂钩，以此来提高学生参与社会实践的积极性。

2.推进大学生社会实践、科技实践和创业实践基地建设

首先，建设社会实践基地。一方面，大学生可以充分结合区校、村校、校企共建服务活动，在区县、农村、企业建立实践基地；另一方面，大学生可以以班级、院系、社团等组织为单位，就近建立实践基地，各实践队伍与各实践对象可以建立长期的合作关系。同时，不同年级的学生还可以采取以老带新的方式组团开展活动，增强实践基地的传承性，为更多大学生经常性地参与社会实践活动提供机会和渠道。这种结合大学生的专业特点、自身优势开展的社会调查、企业管理活动，不仅能为社会和企业提供技术服务，也可以帮助大学生通过社会实践提升专业技能，锻炼适应社会的能力。

其次，建设科技实践基地。高校可以通过开展诸如全国"挑战杯"科技竞赛、国家大学生创新性实验计划等活动，在校内建立大学生科创中心，并将其作为科技实践基地。同时，高校可以开展各项科技文化活动，为巩固科技实践基地奠定基础，提高学生参与科技实践的积极性。完成一定创新实践并取得成果的大学生，可由学校组织专家审核认定后，奖励一定的学分。从科技创新的角度承认大学生的科技成果，会提高大学生的科技创新能力，同时也会激发学生进一步学好科学文化知识和积极参与科技实践基地建设的兴趣，形成良性循环。

最后，建设创业实践基地。高校不仅要满足学生创业实践的基本要求，还要通过开展系统的创业教育，对学生进行创业知识培训，鼓励学生把自己的所

学、所思运用到创业活动中去。同时，高校相关部门还可以与企业联合建立创业实践基地，鼓励学生将在创业计划竞赛、大学生课外科技作品竞赛中的作品和创意应用到创业实践中去，从而提高大学生理论与实践相结合的意识，增强大学生创业的积极性。①

三、发挥学生组织的力量与作用

大学生是国家未来的接班人和建设者，培养出更为优秀的综合型人才是高校教育的重中之重，不仅关系着学生的未来，更关系到国家和民族的未来。让学生组织管理学生非常有必要。在学生管理中，学生组织作用巨大，既是学校和学生沟通的桥梁，也是高校在学生管理工作中的重要一环。搞好学生组织，关系到学校的稳定和发展，成为建设和谐校园的重要因素。

（一）学生组织的内涵

学生组织的广义定义是指由学生自愿组成的，按照章程开展活动的非营利性群众组织。狭义定义是指在教育单位内，由学生组成的，接受学校党委领导、团委指导的，自我服务、自我提高、自我管理、辅助教学的组织。

学生组织的具体形式包括学生会、大学生国防协会、高校共青团新媒体中心、学生社团联合会、大学生志愿者联合会、大学生自我管理与服务委员会等。

学生会是学校中的组织结构之一，是由学校组织、领导的，学生自己的群众性组织，是学校联系学生的桥梁和纽带，是学校最重要的学生组织，其领导

---

① 吴桢婧：《生态观与大学生思想政治教育融合研究》，世界图书出版西安有限公司，2017。

部门为学校的党组织或学校的学生处，其指导部门为学校团组织。

（二）学生组织的定位

现代学校里的学生组织，其本身是具有双重角色的，在一定程度上代表校方，同时又是学生的代表。在学校、学生组织、学生三方互动的过程中，学生组织必须做好自身的定位。

学生组织应找准在学生中的位置。学生组织，特别是学生会，是由广大学生选举产生的，因而应努力为广大学生服务，注意克服高高在上、无视学生的错误思想。凡事以是否有利于学生的学习、生活和进步为出发点，这样才能在学生中树立良好的形象，打下坚实的基础，使学生感觉可亲、可近和可信，才能充分发挥学生组织在师生之间的桥梁与纽带作用。学生组织成员在班级中也具有双重身份，他们既是学生干部，又是普通学生。学生组织成员在班级中既要服从班级管理，又要积极主动地协助班委会开展好班级工作，这样才能在促进和谐校园建设中起到先锋模范作用。

学生组织应找准在教师中的位置。学生组织的工作应接受教师的指导，但不能完全依赖教师。学生组织的工作思路应来源于教师的指导与学生自身的理性思考，从而可以保证学生组织既具有相对的独立性又具有正确的方向性。这样学生组织的工作才能更贴近学生，更易于被学生接受，才能为促进和谐校园建设发挥应有作用。

（三）加强高校学生组织的团队建设

第一，完善制度，规范体系，优化学生组织结构。每一个学生干部的工作理念是有差别的，做事风格也不尽相同。这就导致换届前后的学生组织在对校园文化的理解、活动的侧重点、工作的具体要求上都会有所不同。在这样的情况下，为了保证学生组织长期目标的实现和价值观念的传承，保证组织运作的效率，规范化管理是不可或缺的。

①建立完善的管理制度和规范的工作体系，使学生组织每一阶段的工作重心明确，有章可循，有据可依，能够在学生组织换届时保证各项工作的平稳过渡和组织精髓的良好传承。例如，制定学生组织章程、会议制度、监督考核制度、奖惩制度、学生活动管理办法等，保证学生组织工作高效有序进行。

②为了提高学生组织制度化、规范化管理的实效性，要特别注意制度出台的科学规范性、公正合理性以及制度执行的严肃性。

③随着社会变革速度的加快，每一届学生的特点也越来越突出，学生组织的制度化管理要注意以学生为本，调动学生的积极性和创造性，挖掘其潜力。要明确各学生组织的工作职责和功能定位，保证各学生组织工作的协调，使组织各部门的作用能够得到充分发挥，也保证组织内学生干部有足够的锻炼机会和成长空间。

第二，构建信息传递与互动的平台。在学生管理工作中，可以以学生组织为媒介构建信息传递与互动平台。学校可以通过学生组织进行"自上而下"的信息传递，同时也可以通过学生组织获得"自下而上"的基层意见。因此，学校在校园文化方面的建设有必要通过学生组织的媒介作用，来实现学校与学生之间的互动。比如，学生组织通过论坛、学生活动、调查等形式获取学生方面的信息，为学校决策提供依据。而学校在校园文化方面所做的相关努力，可以通过学生组织来达到宣传、解读与反馈的作用。

第三，整合资源，全力打造品牌学生活动。学生活动是开展爱国主义教育的载体，是促进校园文化建设的重要手段，更是学生锻炼自我的良好平台。如果学生活动缺乏统筹、没有特色，不仅会消耗学生过多的精力，影响学习成绩，也会影响活动质量，无法得到学生的广泛认可，这不仅打击学生干部的积极性，更无法实现通过主题鲜明、内容丰富的活动培养人、教育人的目的。应通过建设品牌学生活动，有效地解决这些问题。在校园文化建设中应主动出击，有鲜明的主题、突出的特色和较高的文化内涵，弘扬主旋律，开展学生喜闻乐见的校园文化活动，调节学生的精神生活。应注意不同层次的学生需求，注重活动中科学教育与人文教育的"兼容并包"，积极引导学生树立高品位的审美情趣。

另外，还应该抓住一些纪念日，如五四青年节、建党节、国庆节等，开展一些健康向上、生动丰富的纪念活动，加强对学生的爱国主义、集体主义的教育，坚定学生"高举党旗跟党走"的信念。品牌活动一旦形成，不仅能够扩大学生组织的影响，锻炼学生干部队伍，更能让学生干部从广大同学对这些活动的喜爱和参与中获得认同感和成就感，进而极大地调动工作热情，积极主动地去开展工作。

第四，积极引导，着力培养学生骨干的创新能力。学生骨干是各学生组织的核心和关键，他们的思想素质和业务水平直接影响到学生组织的形象和作用的发挥。当前，一些学生的人生观、价值观越来越复杂，学生骨干也受到影响，出现工作热情不高、创新意识缺乏等问题。学生骨干具有创新意识和良好的执行能力，能积极主动地去思考工作方法，有创造性地开展工作，是学生组织充满活力的关键。

要想培养学生骨干的创新思维和创新能力，就要营造一个鼓励创新的良好氛围和民主自由的宽松环境，尽量消除可能阻碍创新的思维惯性和固定模式。在坚持大方向正确的前提下，积极鼓励学生骨干改变陈旧的活动形式，用新形式展现经典活动，用发展的眼光看问题，从时代和学生的需求出发，不断开拓学生活动的新领域。

另外，要根据每个学生骨干的特质挖掘他们的优点。在平时的日常教育管理和具体活动的指导中，对学生骨干高标准、严要求，通过培训、参观、讨论等形式加强学生骨干基本知识和技能的储备，要求他们在工作中努力学习新知识，发现新情况，开动新思维，运用新方法，解决新问题，使学生组织成为有生命力的创新团队。

综上所述，高校学生组织是大学生参加社会实践活动、提升综合能力的重要平台，高校学生干部是学生群体中的骨干力量。只有建设一支高素质的学生干部队伍，打造出一支高效率、战斗力强的学生组织，才能使学生的第二课堂更加丰富和生动，学生的综合素质不断提高，学生组织工作更加顺利地开展。

第八章　大学生思想政治
教育载体创新

　　思想政治教育过程是教育者根据一定社会的思想品德要求和受教育者的思想品德形成与发展的规律，对受教育者施加有目的、有计划、有组织的教育影响，促使受教育者产生内在的思想矛盾运动，以形成一定社会所期望的思想品德的过程。在这个过程中，主客体之间是通过一定的形式、手段联系起来的，这种形式和手段就是思想政治教育的载体。

　　目前，思想政治教育出现了明显的社会化趋向，需要创造覆盖面更广、承载思想信息量更多、更加便于操作的载体。因此，创新思想政治教育载体，是加强和改进大学生思想政治教育的重要内容，这一工作的成效直接关系到思想政治教育实效性的发挥。

一、文化载体创新

　　思想政治教育文化载体的内涵包括两个方面：第一，发掘、利用各种既定文化产品中隐含的教育信息，如思想道德、人格因素，发挥其思想政治教育功能，达到以文育人的目的。第二，将思想政治教育的信息内容渗入文化建设中去，让人们在文化建设的过程中潜移默化地受到教育，受到感染。

（一）大学生思想政治教育文化载体的主要形式

在现有的学术界划分中，大学生思想政治教育文化载体具有不同的划分标准。按照时间维度，有些学者将其划分为传统文化载体和新兴文化载体；按照文化载体的性质，有些学者将其划分为物质文化载体、精神文化载体和制度文化载体；按照表现形式，有些学者将其划分为动态文化载体和静态文化载体、有形文化载体和无形文化载体；等等。为更好地探究大学生文化载体的性质特征，这里依据空间维度将其划分为校外文化载体和校内文化载体两个方面。

1.校外文化载体

校外文化载体是指结合大学生的知识结构、心理特点、兴趣爱好等，有针对性地选择弘扬社会主旋律的文化资源，达到更好地培育社会主义核心价值观的目的。校外文化载体主要包括一些非营利性的公共文化事业机构，如博物馆、文化馆、红色纪念馆、红色文化教育基地，以及一些社会中的大众文化产品等。

运用校外文化载体进行思想政治教育时，要将"引进来"和"走出去"相结合。例如，邀请文化名人、文化团体等给学生进行演讲等活动，组织学生参观博物馆、纪念馆、展览馆等爱国基地。这些活动不仅可以培养学生良好的道德品质，也可以坚定学生对中华优秀传统文化的自信。

2.校内文化载体

校内文化载体不是单一的，而是多元的，不是可有可无的，而是高校思想政治工作的重要组成部分。它主要分为以下几个方面：

第一，物质文化载体。物质文化载体是指教育主体运用各种物质文化实体对大学生进行有目的、有计划的思想政治教育。物质文化载体主要包括校园内的书籍、文化环境、文化设施等。物质文化载体可以充分反映出校园文化底蕴，是精神文化载体的外在表现形式。优美、有序的校园环境是育人的需要，代表着校园文明的程度，可以使学生在文化氛围中受到深刻的影响，树立正确的世界观、人生观和价值观。

第二，精神文化载体。精神文化载体简单来说是以精神文化为载体，即教育主体主动地将思想政治教育内容渗透于校园精神文化中，使大学生在良好的校园氛围内受到浸润。精神文化载体主要包括校训、学习风气、办学理念、理想信念等。一个大学的精神文化集中了校园的文化风气、教学质量，体现了大学的特色和灵魂。大学的精神文化是大学文化的核心和灵魂，主导和决定着物质文化和制度文化的发展方向。优秀的精神文化可以增强大学生的凝聚力、号召力，培养其积极向上、与时俱进等优秀品质。

第三，制度文化载体。制度文化载体是以学校制度文化为载体，通过对制度规章的制定与实施，传递符合教育活动的思想政治教育理念。一个学校的制度文化包括规章制度、行为准则、公约守则等，它以学校的价值观念和管理理念为基础，起到规范个人行为的作用。制度文化载体在整个文化载体体系中起到制度保障的作用。

第四，虚拟文化载体。虚拟文化载体是指以网络信息以及通信技术为依托，以现实社会文化为内容的思想政治教育文化载体，包括网络文化载体和手机文化载体等。网络文化具有交互性、全球性、及时性等特点。目前，青年学生，尤其是大学生，已经成为使用网络的主力军。手机体积较小，方便携带，信息传播迅速，给大学生的学习、生活带来了便利。"机不离手"已成为当代大学生的一个普遍现象，而大学生的碎片化阅读习惯，也使得手机文化成为传递思想政治教育信息新的文化载体。当前，虚拟文化对社会稳定、民心向背有一定的影响，是意识形态领域争夺最激烈的地方，是新时期民族文化创新与发展的重要文化载体。

（二）文化载体创新的具体措施

1.注重文化载体协调、均衡发展

马克思主义哲学认为整体是由各个部分构成的，部分对于整体具有制约作用，我们要重视部分的作用，搞好局部，用局部的发展推动整体的发展。同样，思想政治教育文化载体是一个统一整体，在运用文化载体时，应使各部分共同发展。要客观、充分地认识各个文化载体的形式、特点和使用条件，发挥各自的优势，取长补短，有针对性地对不同的大学生使用不同的文化载体形式，具体问题具体分析，提高思想政治教育文化载体的实效性。

第一，创造良好的物质文化载体。要加强物质文化载体的运用，营造一个良好的物质文化环境。优美的环境是育人的需要，也是校园文明的重要标志。优美的校园环境是人们主观能动性发挥的必然结果，体现了学校师生的智慧和心血，展现了一所学校的文化精神。因此，高校应加强校园文化活动基地建设，加强对学生活动中心、各类体育场馆的管理；加强对校内商业网点、外来人口、出租房屋等的管理；加强学校内部安全保卫工作，消除安全隐患，加强校园周边环境的治理；建立一套行之有效的基础文化设施体系，如提高图书馆、自习室等文化载体的服务质量和水平，充分利用校园的平面媒体，如宣传栏、校报等。

第二，塑造与培养积极向上的精神文化载体。要塑造和培养以社会主义核心价值观为指导的积极向上的精神文化环境，将师德师风建设、学风校风建设作为重点。进一步加强校训精神建设，大力开展具有丰富思想性和知识性的学术交流活动、学术讲座等，以拓宽大学生学术思考的维度。例如，在新生入校以后，各学院举行新生见面会，向学生讲解学院的历史以及本专业的发展方向和就业前景，对学生所提出的具体问题和疑惑进行详细解答。在新生融入新环境后，学校定期对学生的生活、学习情况进行检查；积极开展以班级或宿舍为单位的学风建设大赛，督促学生形成良好的学习氛围。

第三，健全与规范各类制度文化载体。"校园制度文化指受社会、国家政府的支配和学校内部运转的需要而在长期的自身发展过程中形成和发展起来的行为准则、道德规范，集中体现了精神文化和物质文化对个体和群体的行为要求。"①完善而健全的制度文化载体不仅可以约束在校大学生的言行举止，使其遵纪守法，还为学校各项活动的开展提供了有序的环境。例如，健全与规范各类制度文化，对学生的行为规范有所约束；大力宣传和普及学校的各种规章制度，可以使每一个大学生真正了解学校的重要规章制度。这些都可以加强思想政治教育的实效性。

第四，完善开发虚拟文化载体。如今，微信、微博、贴吧、论坛等网络工具的广泛使用，使得开发虚拟文化载体成为一种流行的趋势。手机文化以及其所传播的信息正在一点点地影响和改变着当代大学生，对此，大学生思想政治教育工作者应积极开发虚拟文化载体，迎合时代发展大势，充分运用先进技术，占据信息主动权，拓展高校思想政治教育的新方式。

2.与时代发展相结合

2021年12月，在中国文联十一大、中国作协十大开幕式上，习近平总书记指出，"文化兴则国家兴，文化强则民族强"。党的十九届五中全会明确提出到2035年建成文化强国，吹响了推进社会主义文化强国建设的号角，标志着我们党对文化建设重要地位及其规律认识的进一步深化。

文化是时代的产物，具有时代性，以文化为载体的思想政治教育也应该是

---

① 贾九斌：《论高校校园文化的结构识别》，《黑龙江高教研究》2010年第1期。

随着时代的发展而不断优化、创新的。任何一种文化载体的优化和创新都必须遵循一定的原则，思想政治教育文化载体也不例外。

在具体运用过程中，高校应遵循以下原则：首先，要有方向性。思想政治教育的任务是培养和造就有理想、有道德、有文化、有纪律的社会主义新人。因此，方向性原则对于文化载体的创新至关重要，要切实将社会主义核心价值观和主旋律融入文化载体的创新与开发中，始终保持文化载体的正确方向。其次，要有针对性。文化载体的创新、开发应考虑大学生的思想特点、心理特点，以及不同学科背景学生的知识构成差异，有针对性地开发新的文化载体，提高文化载体的可操作性。最后，要有继承性。文化载体应在合理继承传统文化载体的基础上进行创新。虽然之前的传统文化载体出现了不能很好适应时代的情况，但其中仍有一些内容和方式是有效的，不能对其全盘否定，有的只要稍加修改就可以继续运用。

在新媒体时代，传统文化载体的受众在不断减少，吸引力受到了挑战。微信的出现突破了传统移动聊天的局限，极大地改变了大学生的交友观念，拓宽了交流渠道。利用微信这种文化载体开展思想政治教育具有很强的时效性和创新性，可以方便、快捷地传递教育信息。同时，有利于实现大学生之间以及师生之间的交流和互动，引发情感共鸣。

具体措施如下：首先，建立大学生思想政治教育微信公众号平台。既可以在公众号上发布主题鲜明的爱国主义教育内容、中国特色社会主义核心价值观教育内容，以及一些党和国家的新政策；也可以发布一些贴近大学生日常生活的正能量文章，适当运用一些网络流行词语、表情包，并且让大学生参与到微信应用平台的管理和维护当中。其次，将微信与其他文化载体结合。虽然微信在大学生思想政治教育中占有非常明显的优势，但是不能仅靠微信一种手段来解决大学生思想政治教育问题。目前，微博、各类网站仍然对大学生有着重要的影响。所以，应综合运用各类平台，整合微信公众号和微博等平台，提升思想政治教育效果。最后，完善思想政治教育微信平台制度保障。要想充分发挥思想政治教育微信平台的教育作用，就必须建立健全微信平台制度保障体系。应制定相关制度、规定，做好思想政治教育信息的发布以及后续反馈信息的整理工作，并建立一套切实有效的信息系统，过滤、筛选不符合社会主义核心价值观的信息，遏制不良信息的传播。

3.实现传统文化载体现代化

随着时代、社会、科技的不断发展和进步，一些传统的文化载体因其内容陈旧、形式单一，逐渐被边缘化，功能也有所减弱。传统文化载体应在内容及形式上不断创新，以适应不断发展的社会需求。首先，应根据时代特征以及大学生的实际情况，对传统的思想政治教育文化载体中旧的内容进行丰富。可以在传统文化载体的旧内容中使用一些现代用语，或者从现代视角进行新时代的解读。其次，可以对传统的文化载体形式进行现代化的包装。例如，《中国诗词大会》《国家宝藏》《典籍里的中国》等栏目就是在内容上保留了中华传统文化的精髓，又从形式上进行了现代的包装。

二、活动载体创新

大学生思想政治教育活动载体，即以活动为大学生思想政治教育载体之意，是指大学生思想政治教育工作者为达到一定的思想政治教育目的，有意识地开展的蕴含一定思想政治教育内容，能使受教育者受到教育，提高思想道德素质的各种活动。

这里所说的活动，主要是指除大学生课堂学习活动以外的一般社会活动，如调研活动、公益活动、纪念活动、评选竞赛活动、文体活动等。大学生在校学习期间，除了从事课堂学习活动，还要参加其他的社会活动，以满足自身发展的需要。在大学阶段，可供大学生自由支配的课余时间相较于中学阶段大大增多了，而且随着社会的发展和生活的多样化，大学生课堂学习活动以外的社会活动越来越丰富多彩。这种情况要求大学生思想政治教育工作者必须善于寓思想政治教育内容于活动之中，运用大学生思想政治教育活动载体进行教育，同时也要求高校乃至全社会为大学生思想政治教育活动载体运用创造有利的条件。选择以活动为大学生思想政治教育载体进行教育是大学生思想政治教育的内在要求。大学生思想政治教育就是要使大学生具备良好的思想品德，并促使大学生将其外化为相应的行为，而良好的思想品德只有通过教育并在社会实践活动中才能形成和巩固，符合社会规范的行为也只有通过社会实践活动才能表现出来。大学生思想政治教育的过程及结果都离不开实践活动，这是思想政治教育的特点所在。而课堂学习活动以外的其他社会活动是大学生社会实践活动的重要内容。以这些活动为大学生思想政治教育的载体，积极组织和引导大学生参加各种社会活动，使大学生在活动中逐渐提高思想道德素质，是促使大学生思想政治教育顺利进行并取得较好效果的内在要求。

（一）大学生思想政治教育活动载体的类型

大学生思想政治教育活动载体，按照不同的划分标准可以分为不同的类型。

1.教育类活动载体、文体类活动载体、实践类活动载体

根据活动的不同形式，可以将大学生思想政治教育活动载体分为教育类活动载体、文体类活动载体和实践类活动载体。

大学生思想政治教育教育类活动载体，是指在大学生思想政治教育过程中，用以传递思想政治教育内容，提高大学生思想道德素质的各类教育活动，如各种主题教育活动、政治理论学习活动、表彰先进活动、重大节日或重大历史事件纪念活动等。

大学生思想政治教育文体类活动载体是指在大学生思想政治教育过程中，用以传递思想政治教育内容，提高大学生思想道德素质的各类文体活动，如演讲比赛、体育竞赛、书评影评活动、文艺演出、艺术欣赏等。

大学生思想政治教育实践类活动载体，是指在大学生思想政治教育过程中，用以传递思想政治教育内容，提高大学生思想道德素质的各类实践活动，如青年志愿者活动、暑期"三下乡"活动、社会实践调查活动等。

2.党团活动载体、社团活动载体、教学部门活动载体

根据活动的不同组织者，可以将大学生思想政治教育活动载体分为党团活动载体、社团活动载体、教学部门活动载体。

大学生思想政治教育党团活动载体是指在大学生思想政治教育过程中，用以传递思想政治教育内容，提高大学生思想道德素质的由高校党团组织的各类活动，如党团知识教育活动、党支部活动、团委及其领导的学生会举办的各种活动等。[1]

大学生思想政治教育社团活动载体，是指在大学生思想政治教育过程中，用以传递思想政治教育内容，提高大学生思想道德素质的由高校社团组织的各类活动，如宣讲类社团的宣讲活动、文体类社团的文体娱乐活动、科技服务类社团的科技服务活动、社会公益类社团的公益活动等。

---

① 刘森：《新时期大学生人生观教育探索》，中国水利水电出版社，2015。

大学生思想政治教育学校部门活动载体，是指在大学生思想政治教育过程中，用以传递思想政治教育内容，提高大学生思想道德素质的由学校有关部门组织的各类活动，如教学部门组织的毕业实习、勤工助学部门组织的勤工助学活动等。

3.校内活动载体和校外活动载体

根据活动开展的范围，可以将大学生思想政治教育活动载体分为校内活动载体和校外活动载体。

大学生思想政治教育校内活动载体是指在大学生思想政治教育过程中，用以传递思想政治教育内容，提高大学生思想道德素质的在大学校园内开展的各类活动，如大学校园内开展的主题教育活动、文体娱乐活动等。

大学生思想政治教育校外活动载体是指在大学生思想政治教育过程中，用以传递思想政治教育内容，提高大学生思想道德素质的在大学校园外开展的各类活动，如暑期"三下乡"活动、青年志愿者活动、社会调研活动、参观访问活动等。

4.常规性活动载体和非常规性活动载体

以活动开展的时间固定和不固定为标准，可以将大学生思想政治教育活动载体分为常规性活动载体和非常规性活动载体。

大学生思想政治教育常规性活动载体，是指在大学生思想政治教育过程中，用以传递思想政治教育内容，提高大学生思想道德素质的具有固定性的各类活动。可以作为大学生思想政治教育常规性活动载体的活动有军事训练活动、新生入学教育活动、毕业生教育活动、重大节日纪念活动等。

大学生思想政治教育非常规性活动载体，是指在大学生思想政治教育过程中，用以传递思想政治教育内容，提高大学生思想道德素质的，为适应形势需要而临时开展的各类活动，如抗疫精神教育活动等。

（二）推进大学生思想政治教育活动载体的创新

加强大学生思想政治教育活动载体建设，必须结合新时期大学生思想政治教育的目标、内容和大学生自身的特点、需求等对大学生思想政治教育活动载体进行创新。

1.积极推进大学生思想政治教育社团活动载体创新

随着传统的班级概念逐渐淡化，社团组织对大学生的影响力越来越大，高校学生社团已成为高校大学生成长中不可或缺的一部分，大学生参与社团组织的较高积极性使得社团活动必然成为新时期大学生思想政治教育的有效载体之一。高校学生社团活动是实施素质教育的重要途径和有效方式，在加强校园文化建设、提高学生综合素质、引导学生适应社会、促进学生成才就业等方面发挥着重要作用，是新形势下有效凝聚学生、开展思想政治教育的重要组织动员方式，是以班级、年级为主开展大学生思想政治教育的重要补充。[1]因此，要以社团组织为依托，积极开展各种社团活动，使社团活动成为大学生思想政治教育的有效载体。

社团活动载体的发展与创新，要注意以下几点：一要突出社团活动载体的"育人"功能。社团活动无论采用何种形式，主题一定要健康向上，坚持育人宗旨。要通过在社团活动中渗透对大学生的理想信念教育、爱国主义教育、公民道德教育等来培养合格的社会主义建设者和接班人。二要加强对社团活动载体的管理和指导。可以建立社团工作指导委员会，让一些德才兼备的教师担任社团的顾问和指导教师。三要根据学生兴趣爱好设立各类学生社团。要大力扶

---

① 汤雪峰：《高校思想政治教育多元化发展》，吉林大学出版社，2016。

持理论学习型社团，热情鼓励学术科技型社团，正确引导兴趣爱好型社团，积极倡导志愿服务型社团，以尽量丰富的社团活动来满足不同学生的需要。

2.结合大学生就业问题推进大学生思想政治教育活动载体创新

近年来，大学生面临较大的就业压力。就业压力的增加，容易使大学生产生较多思想问题和心理问题。因此，高校有关部门在做好学生就业指导、就业管理和就业服务的同时，也要做好相关的思想政治工作。就业问题涉及大学生的切身利益，结合大学生就业问题开展各种具有针对性的思想政治教育活动，是大学生思想政治教育活动载体创新的有效途径。

例如，高校有关部门可以通过讨论会、报告会等形式开展就业主题教育活动，组织大学生学习和了解各项就业政策和措施，引导大学生将个人发展与祖国需要结合起来，树立科学理性、符合实际的就业观念；积极组织大学生参与各类社会实践活动，帮助大学生了解国情、了解社会、了解企业，坚定自己的职业选择；积极开展心理健康教育活动，帮助大学生以积极心态面对就业压力；挖掘校友资源，邀请成功校友回母校开展讲座，传授就业创业经验，用优秀校友的奋斗经历教育引导广大学生；开展社团活动，鼓励和支持学生成立以提高职业发展能力和就业能力为目标的社团，使学生通过参与社团活动和实习，更加明确未来发展和奋斗的目标，有针对性地进行专业知识的积累，提高职业技能、择业技能、求职技能，为求职择业奠定更加坚实的基础；加强创业教育，通过举办"创业计划大赛"等系列活动，帮助大学生了解创业政策，培养创业意识、创业思维和创业技能，提高他们的创业能力和水平等。

3.结合助学工作推进大学生思想政治教育活动载体创新

随着党中央、国务院对家庭经济困难学生就学问题的重视，以及家庭经济困难学生资助体系的建立健全，越来越多的大学生从助学工作中得到了实惠。

但高校在搞好助学工作，使大学生得到实惠的同时，也应做好大学生思想政治教育工作，使助学工作成为广大学生得到实惠最多的学生工作之一，也成为影响最为广泛的学生工作之一。高校有关部门要积极结合助学工作开展各种教育活动，努力推进大学生思想政治教育活动载体的创新。例如，组织受助学生参加各种爱心见面会和座谈会，开展主题征文比赛等；开展感恩教育，引导受到奖励和资助的学生树立对党、对国家、对社会、对学校的感恩意识；举办自立自强报告会等系列励志教育活动，不断提高贫困生群体的自立自强意识，增强其社会责任感；积极组织受助学生参加各种社会公益实践活动，引导他们饮水思源，回报社会，并以他们的实际行动引导和感染周围同学，传递奉献精神；组织贷款学生观看诚信教育片，开展诚信教育讲座、诚信征文和诚信讨论活动，加强诚信教育，强化学生的诚信观念；开展辅导咨询活动、勤工助学主题演讲比赛，帮助贫困学生树立劳动光荣的观念，摆脱自卑心理；开展"光荣的人民教师"系列主题教育活动，对免费师范生进行职业理想信念教育，并开展讲课比赛活动、顶岗支教活动等，提高免费师范生的教学技能。

三、管理载体创新

管理载体即以管理为载体之意，指寓思想政治内容于管理活动之中，并与管理手段相配合，以达到提高人们的思想道德素质、规范人们的行为、调动人们的生产、工作、学习积极性的目的。它的特点：一是具有普遍性，即普遍存在，处处存在；二是制度化，即具有一定的约束力。

（一）大学生思想政治教育管理载体的类型

大学生素质的提高离不开管理载体的作用，离不开具体的管理手段的运用。高校的管理者主要通过各种管理方法来加强对大学生的管理，大学生则通过自我管理来提升自己。

1.党支部

党支部是高校对大学生党员进行管理和培训的党的基层组织。在高校中，党支部一般分为学校党支部和学院党支部。党支部是学校进行党务管理的主要载体。党务管理作为学校学生管理的一种方式，是开展大学生思想政治教育管理的重要载体。所谓高校党务管理，就是高校管理者为了完成工作目标而开展的党务实务、党务管理、党内组织活动等管理活动。在学校中，各级党支部分工协作，相互配合，共同促进大学生的全面发展。

首先，学校党支部发挥统领全局的作用。学校党支部根据党章的规定，从实际出发，组织建设本校的党支部队伍。通过设立各级学院党支部，具体推动党务管理。例如，在党的全国人民代表大会等重要会议以及党的重大活动举办时，学校党支部通过会议、文件等形式及时把党的精神传达给各级学院党支部，然后由学院党支部再传达给学生或学生党支部，让大学生及时了解党的精神，加强对大学生的教育。

其次，学院党支部和学生党支部发挥纽带作用。由于学校综合实力的差异，有些学校没有学生党支部，有些学校设有学生党支部。学院党支部和学生党支部是连接学校和大学生的桥梁和纽带，是学校党务管理的具体实施者。具体来讲，它们主要通过以下方式来对大学生进行管理：

一是严格规范党员行为，树立党员模范带头作用。大学生群体是中国共产党重要的后备力量，虽然在大学期间能够加入中国共产党的学生按比例来说还很小，但是由于大学生人数众多，因此在数量上并不少，他们成了中国共产党重要的后备力量，国家和民族的未来与发展靠他们来支撑，国家的现代化建设和中国梦的实现靠他们来推动。因此，为了国家的长远发展，需要对大学生党员进行理论和实践教育。在日常的生活学习中，要加强对这些学生党员的管理和教育，坚持用党的理论、方针、政策来提高他们的思想认识，充分发挥他们的模范带头作用，促进学生整体素质的提升。

二是做好入党积极分子的教育和吸收工作。在大学中，学校每年都会根据规定，选择一部分学生作为入党积极分子，对他们进行党的相关理论培训。一般来说，学校在选择的时候，主要的参考标准是学生的学习成绩和思想品德状况。学校坚持择优原则，选择一批积极分子作为党的后备力量，对他们进行教育和考察，如果考察合格，则会允许他们加入党的队伍，这个过程是非常重要且必不可少的。通过培训和教育，这些积极分子的心灵得到洗礼，对党的认识更加深刻，从而能更加严格地要求自己，为成为一名合格的党员做准备。

三是继续组织党员和入党积极分子学习，开展批评与自我批评。学无止境，每个人都要树立终身学习的理念，党员和入党积极分子更要如此。随着社会的不断发展，党的历史和目标也在不断变化，要跟上时代的步伐，保持党的先进性，就需要大学生党员和积极分子不断学习，不断提升，与时俱进。同时，要善于开展批评和自我批评。无论是谁，只要犯了错误，就要主动承认并积极改正，也应接受其他人的监督。此外，学校可以适时开展各种党的活动，比如党的理论知识竞赛活动、党的先进纪录片教育活动、争创优秀党员活动等，以此来激励大学生党员不断前进。

四是加强党的纪律教育。由于自身的社会经验不足，大学生党员和入党积极分子可能在开始的时候对党的认识不够深刻，自我管理能力较差，可能会影响党的工作的正常开展，这就需要加强党的纪律教育。通过纪律教育，大学生党员和入党积极分子的自身素质得以提高，自我管理能力得以增强。一般来说，高校里边的每个院系都设有党支部，党支部要切实发挥作用，定期开展党员学习活动，加强党员对党的纪律的学习，使其严守党的纪律规范，这对于增强大学生党员的纪律意识意义重大。

2.团支部

团支部是高校加强学生管理的重要组织之一。由于绝大多数的大学生都是团员，并且团员的占比较大，因此团支部在高校学生管理中的作用非常重要。要充分发挥高校团支部的生力军作用。首先，大学生团员是党的重要后备力量，他们的素质，直接关系到党、国家以及民族的未来和发展，因此高校各级团支部要根据团中央的规定，结合本校和本班的实际，制定具体的制度来对大学生团员进行管理，促使他们不断学习团的规章制度，充分认识团员的责任和义务，增强责任意识和义务意识，不断提高自身综合素质；其次，按照入党积极分子的条件和标准，加强对大学生团员的培养，使他们积极向党员队伍看齐；最后，团支部尤其是班级团支部要积极组织各种活动，组织团员积极参与，定期对大学生团员进行相关考核，促使他们不断提升自身素质，促进全面发展。

3.班会

班会不仅是中学生进行思想政治教育的主要形式，也是对大学生进行思想政治教育的重要载体。所谓班会，就是班级定期举行的，对学生进行日常教育的组织形式。高校对大学生的日常管理主要是通过辅导员和班主任来具体实施的，辅导员或班主任通过班会，对大学生的学习和生活进行管理和教育，教会他们如何与人相处，如何做一名合格的大学生。

班会的意义非常重大。例如，很多辅导员会在班会上进行安全教育，如用电安全教育、交通安全教育、饮食安全教育、人身安全教育等。

班会的形式丰富多样，我们所熟知的主要是主题班会，如向先进人物学习等。主题班会是教师对学生进行教育的重要形式，也是广受学生欢迎的形式，如果班会开得好，就会收到良好的教育效果。因此，要充分发挥主题班会的重要作用。

4.课堂

学生学习的场所主要是教室，课堂教学仍然是学校对大学生进行思想政治教育、传递教育信息的重要载体，这个载体的有效运用需要所有教师的努力。首先，增强任课教师的思想政治教育管理意识。在教学管理中，任课教师是直接把学校的管理规定付诸实施的人，必须增强任课教师的管理意识。如果他们缺乏这个意识，学校的管理目标就难以实现。其次，积极推动任课教师思想政治教育管理的实施。在课堂教学的过程中，任课教师应结合课本知识、学校及社会实际，把大学生思想政治教育信息巧妙地融入课堂教学，在教授学生科学文化知识的同时，传递思想政治教育管理信息。

（二）改进大学生思想政治教育管理载体的措施

1.丰富大学生思想政治教育管理载体的内容体系

当前，虽然思想政治教育体系不断完善，研究范围不断扩大，研究内容日臻完善，但是由于思想政治教育学成立和发展的时间比较短，在一些方面尤其是对于更为具体的内容的研究还不够深入，比如思想政治教育管理载体、文化载体、网络载体、大众传媒载体等还需要进一步深究，因此应不断丰富大学生思想政治教育载体的内容体系。首先，继续加强对大学生思想政治教育管理载体内容的研究。不仅要研究它的基本内涵、特征、功能、运用要求等方面的内容，而且要加强与其他学科的渗透，在借鉴和吸收其他学科的基础上，结合本学科实际，不断创新适合本学科发展的方法。其次，加强经济支持。任何研究都需要一定的经济保障，政府要给予一定的经济支持，使理论研究能够顺利进行，保证研究的成效。

2.提高运用大学生思想政治教育管理载体的意识

目前，管理载体在大学生思想政治教育管理的具体运用过程中还存在一系列问题，其中很重要的一点就是意识不够，这在一定程度上影响了它的功能的发挥。意识具有反作用，正确的意识能够促进社会实践的发展。因此，要提高大学生思想政治教育管理载体的运用意识。①

首先，提高管理者运用管理载体的意识。如果管理者没有或缺乏思想政治教育的意识，那么思想政治教育内容与管理手段就不可能在思想政治教育过程中有机结合，也就达不到应有的目的。所以，增强管理者的思想政治教育意识是有效运用思想政治教育管理载体的一个重要基础。部分大学生思想政治教育管理载体中的党支部在党员管理中存在管理不到位的现象；在课堂载体中，有些教师只是盲目地以完成自己的教学任务为目的，而对课堂和大学生缺乏管理意识等；在现实生活中，有些管理人员对大学生思想政治教育管理还存在一些片面的认识，思想政治教育意识比较薄弱。因此，加强思想政治教育者运用管理载体的意识意义重大，高校应组织相关管理人员进行学习，使其了解思想政治教育理论知识，充分认识思想政治教育管理的真谛，提高思想政治教育管理意识。同时，应使管理人员了解各种具体的管理载体的类型，并找到最优的管理方式，如任课教师主要通过课堂载体、教学载体为大学生传递思想政治教育

---

① 赵世浩：《大学生阶段性成长研究与实践》，世界图书出版西安有限公司，2018。

信息，进行思想政治教育管理；班主任主要通过班会载体对大学生进行教育和管理；心理咨询教师主要借助心理咨询载体解决大学生的心理问题，从而对大学生进行心理健康教育。管理者在运用管理载体进行具体的管理活动的过程中，只有掌握了最优的管理方式，才能真正发挥管理载体的实际效用，达到管理活动的效果，提高运用管理载体的积极性。

其次，提高大学生运用管理载体的意识。大学生要增强自我管理意识，尤其是在当今这个知识、科技飞速发展的时代，大学生应该对自身提出更高的要求。这就要求大学生在日常学习、生活中，首先加强自我管理。大学生要通过参加各种各样的大学生社团组织和学生会，来提高自我管理的能力和自我管理的意识，从而带动自身其他方面素质的提高。其次积极参加学校举办的各种文体活动，增强自身的综合素质，加强与教师、同学的沟通交流，主动参加有关学术活动、招聘活动等，增强自身的社会交际能力。

3.加强高校思想政治教育管理队伍建设

一支高素质的管理队伍是好的管理思想、管理手段和方法发挥出实效的关键。因此，必须更加重视思想政治教育管理队伍建设。

首先，提高管理人员的基本素质。大学生是接受高等教育的群体，要加强对他们的教育和管理，首先就要求管理人员必须具备较高的素质，如能力素质、道德素质、思想素质、知识素质等。高校的领导和教师需要具备较高的政治素质，能够真正了解、切实贯彻党和政府的重要决策。同时，他们还必须具备较丰富的思想政治教育理论知识，接受相应的理论培训。其次，要求他们具备较强的自我管理能力。管理者不只要依靠既定的学校规章制度去管理学生（这种方式的管理是一种强制性管理，学生在这个过程中处于被动地位，容易产生厌烦感和抵触感，有时即使是表面上服从了管理，改正了错误，但是他们在内心深处依然没有真正接受），还要有较强的自我管理能力，起到示范作用。这是一种让学生自我感受和学习的方式。在这一过程中，大学生处于主动地位，他们不需要管理者去管理他们，而是在内心深处就已经接受了，这样学生会变被动管理为自觉接受管理，这是提高管理效能的一个重要的手段。

其次，完善管理人员的培养机制。要想不断提高思想政治教育管理人员的素质，克服管理过程中的一系列问题，就必须完善管理人员的培养机制。首先，应加强对专业管理者的培养。既可以定期组织他们进修，不断充实他们的理论知识，也可以定期开会，分享管理经验。其次，重视对兼职管理者的培养。这里主要是加强对兼职辅导员的培训，与此同时，还应从教师队伍中选拔一些优秀的、适合思想政治教育管理的教师，让他们充实到管理队伍中来。最后，建立高效的思想政治教育管理队伍激励机制。在一些政策上给予管理人员适当的照顾，鼓励他们安心从事管理工作，解决他们的后顾之忧。

最后，转变管理思想，坚持以学生为本。高校管理人员要转变管理理念，树立以促进学生发展为中心的管理思想，这对于增强管理载体的时效性意义重大。一是管理人员要树立服务意识。全心全意为人民服务是党的宗旨，贯彻到高校里面就是要全心全意为促进学生发展服务。学校对学生管理的实质就是为学生服务，为大学生能学有所成服务。但是，在过去，高校管理人员对大学生的管理相对来说非常严格，缺乏人文关怀，使大学生成了机械的被管理者。因此，各高校管理人员要树立以促进学生发展为中心的管理理念，增强为大学生服务的管理意识，真正去关心大学生在生活、学习、思想等方面尚未解决或难以解决的困难，真正从学生关心的问题出发来思考，做到学校的发展始终是以促进学生发展为中心的。①二是管理人员要加强引导。这里所提到的引导主要是引导大学生对当前高校思想政治教育管理方面存在的问题进行思考，使大学生认识到思想政治教育管理的意义，从而能主动去接受管理，接受教育。

---

① 袁信：《论思想政治教育的管理载体》，《湘潭大学社会科学学报》2002年第3期。

后　　记

新时代下，高校思想政治教育面临新的发展形势、新的发展机遇、新的发展挑战，担负着新时代赋予的艰巨任务和光荣使命。思想政治工作不是可有可无的，而是必不可少的。加强大学生思想政治教育是高等学校培养高素质人才的一项重要内容和有效手段。只有创新，才能使大学生思想政治教育紧跟时代步伐，经得起实践的检验，真正收到实效。

本书是延边大学马克思主义理论重点学科资助项目的阶段性成果，笔者通过重点课题研究（2019年度吉林省教育科学"'双一流'建设背景下少数民族地区高校思想政治教育话语重构研究"和2020年度吉林省高教科研"在线教学环境下高校思想政治教育话语有效性研究"），以及多年来从事思想政治教育教学工作的心得撰写此书，希望对大学生思想政治教育工作贡献自己的一份力量。

在撰写此书的过程中，笔者得到了延边大学马克思主义学院的大力支持和沈万根教授的辛勤指导，同时也得到了同仁以及家人的帮助，在此表示诚挚的感谢！

笔者对此书进行了多次修改与完善，但由于笔者水平有限、笔力不强，瑕疵和错误在所难免，恳请读者在阅读的过程中，给予批评、指正。

参 考 文 献

[1] 白翠红.高校德育思维方式发展研究[M].广州：中山大学出版社，2018.

[2] 蔡田，李翔宇，贾伟杰.高校思想政治教育前沿问题探究[M].北京：中国书籍出版社，2014.

[3] 常建莲.多维视角下的思想政治教育探索与实践研究[M].西安：西安交通大学出版社，2016.

[4] 陈福生，等.大学生思想政治教育新论[M].杭州：浙江大学出版社，2008.

[5] 陈月兰.核心价值观引领大学生思想政治教育研究[M].北京：中国商务出版社，2018.

[6] 陈志华.坚持思想政治教育的本质属性：政治性与科学性的有机统一[J].理论与改革，2006（5）：152-154.

[7] 陈志军，等.社会主义核心价值体系融入大学生思想政治教育全过程研究[M].北京：光明日报出版社，2009.

[8] 党静雯，裴育萍，李慧.高校思想政治教育理论创新与实践探索[M].北京：中国纺织出版社，2017.

[9] 葛红梅.现代化视阈下思想政治教育的反思与构建[M].北京：研究出版社，2019.

[10] 龚晓宽.建设核心价值体系 促进社科创新发展：学习党的十七大精神理论研讨会文集[M].贵阳：贵州人民出版社，2008.

[11] 桂捷.高校德育与心理健康教育研究[M].沈阳：东北大学出版社，2018.

[12] 郭志栋.新时代背景下大学生思想政治教育研究[M].天津：天津人民出版社，2019.

[13] 韩庆祥.习近平新时代中国特色社会主义思想的原创性贡献和历史地位

[J].·中共中央党校（国家行政学院）学报，2022，26（2）：12-25.

[14] 贺文佳，杨洪富，陶大德.高职院校社会主义核心价值体系教育目标的实现途径[J].四川教育学院学报，2009，25（12）：17-19.

[15] 胡永松.新时代背景下大学生思想政治教育创新研究[M].北京：国家行政学院出版社，2018.

[16] 纪慧，蔡珍珍.高等医学院校教学管理[M].北京：科学出版社，2016.

[17] 贾九斌.论高校校园文化的结构识别[J].黑龙江高教研究，2010（1）：117-119.

[18] 贾丽.思想政治教育教学与反思研究[M].长春：吉林大学出版社，2016.

[19] 李国毅.大学生心理健康教育[M].北京：国家行政学院出版社，2019.

[20] 李辉，刘修华.习近平思想政治工作思想论纲[J].思想政治教育研究，2018，34（1）：6-10.

[21] 李菊华，王保军，张彩霞.大学生心理健康教育[M].郑州：郑州大学出版社，2005.

[22] 李莉.论大众传媒载体在高校思想政治教育中的应用[J].福建商业高等专科学校学报，2011（2）：50-54.

[23] 李文生.论党的思想政治工作与人的全面发展[J].中国科技博览，2016（9）：1.

[24] 刘便花.高校大学生思想政治教育创新与实践研究[M].北京：国家行政学院出版社，2017.

[25] 刘洪敏.新时期大学生思想政治教育理论研究[M].北京：北京理工大学出版社，2015.

[26] 刘利，潘黔玲.互联网＋视域下思政课教学理论与实践发展研究[M].长春：吉林大学出版社，2017.

[27] 刘利峰.思想政治教育与创新研究[M].北京：北京理工大学出版社，2019.

[28] 刘森，李永菊，刘敏，等.新时期大学生思想政治教育改革与创新探究[M].北京：中国水利水电出版社，2014.

[29] 刘森.新时期大学生人生观教育探索[M].北京：中国水利水电出版社，2015.

[30] 罗春秋.大学生心理问题研究[M].长春：吉林人民出版社，2017.

[31] 马勇，王地娟，郑向辉，等.促进高校毕业生就业指导工作的几点思考[J].教育教学论坛，2013（11）：132-133.

[32] 蒲勇，何雨洋.大学生思想政治教育主渠道和主阵地融合路径研究[M].成都：四川大学出版社，2020.

[33] 齐立石.大学生思想政治教育[M].成都：电子科技大学出版社，2017.

[34] 邱柏生.改革开放以来高校思想政治教育创新的特征[J].思想理论教育导刊，2008（10）：19-23.

[35] 少先队上海市工作委员会，上海市少先队工作学会，上海市少年儿童研究中心.创新之路：上海少先队"十二五"课题成果集[M].上海：上海人民出版社，2015.

[36] 石亚玲.大学生理想信念教育研究（1978—2018）[M].北京：光明日报出版社，2020.

[37] 宋长春.建立全过程渗透的大学生就业指导服务模式探析[J].黑龙江高教研究，2005（4）：60-62.

[38] 孙丽艳，徐露凝.当代大学生心理健康研究[M].长春：吉林大学出版社，2012.

[39] 孙小龙.新时代大学生思想政治教育创新研究[M].北京：社会科学文献出版社，2020.

[40] 汤雪峰.高校思想政治教育多元化发展[M].长春：吉林大学出版社，2016.

[41] 王晖慧，李伟斯，李萌杰.新时代大学生思想政治教育发展探索[M].长

春：吉林大学出版社，2017.

[42] 王绪成.生态观视阈下思想政治教育研究[M].石家庄：河北人民出版社，2018.

[43] 吴桢婧.生态观与大学生思想政治教育融合研究[M].西安：世界图书出版西安有限公司，2017.

[44] 新华通讯社课题组.习近平新闻舆论思想要论[M].北京：新华出版社，2017.

[45] 徐柏才.大学生思想政治教育的探索与研究[M].武汉：华中师范大学出版社，2008.

[46] 徐茂华，马新平，吴乾莉.新形势下高校思想政治教育实效性研究[M].北京：现代教育出版社，2012.

[47] 杨海亮."双新"时代大学生思想政治教育研究[M].北京：国家行政学院出版社，2019.

[48] 尹忠恺，等.高校学生工作导论[M].沈阳：东北大学出版社，2013.

[49] 袁信.论思想政治教育的管理载体[J].湘潭大学社会科学学报，2002（3）：129-131.

[50] 张春丽.践行科学发展观加强高校思想政治教育[J].牡丹江医学院学报，2009，30（4）：119-120.

[51] 张福记，李纪岩.高校思想政治教育研究[M].成都：四川教育出版社，2009.

[52] 张可辉，栾忠恒.新媒体视域下大学生思想政治教育研究[M].北京：中国商务出版社，2017.

[53] 赵百刚，王明哲，顾念念.大学生涯规划[M].北京：对外经济贸易大学出版社，2014.

[54] 赵世浩.大学生阶段性成长研究与实践[M].西安：世界图书出版西安有限公司，2018.

［55］ 郑少南. 学生工作创新研究［M］. 大连：大连海事大学出版社，2009.

［56］ 中共中央文献研究室. 习近平关于社会主义政治建设论述摘编［M］. 北京：中央文献出版社，2017.

［57］ 朱健梅，桂富强. 以人为本的大学生思想政治教育实践与创新［M］. 成都：西南交通大学出版社，2008.